Dédicace

De la tête au cœur

Édition, production et distribution :
MENANI GmbH
Eichbergstraße 13
86935 Rott am Lech/Ammersee
Allemagne
Téléphone : +49 (0)8869 911 571
Télécopie : +49 (0)8869 911 573
www.menani.de
info@menani.de

Auteur : Franz X. Bühler
Illustrations : Pierre Bühler
Traduction : Bernadette Martial
Corrections : Catherine Dürr-Neveux

1ère édition
Volume 1 / 2010

ISBN 978-3-941633-20-9

Remerciements

De nombreuses personnes participent toujours, directement ou indirectement, à la rédaction d'un livre. Je souhaite ici les remercier. Tout d'abord, Tilli, ma femme bien-aimée, qui m'a supporté pendant cette période difficile, et qui a passé de longues heures seule pendant que je travaillais à mon livre. Elle a été patiente quand, souvent, je ne fermais pas l'œil de la nuit et n'arrêtais pas de me retourner dans mon lit. Elle a lu mon livre, se mettant dans la peau de mes futurs lecteurs, et m'a beaucoup soutenu en me proposant des idées précieuses.
Je voudrais ensuite remercier Heidi Gasser, écrivaine et correctrice expérimentée et Barbara Wallimann, qui m'a également beaucoup aidé grâce à sa connaissance parfaite des pièges de l'orthographe et qui m'a permis de rédiger un livre à la hauteur de mes exigences. Naturellement je pense aussi à ma mère, Emilie Bühler, qui a dévoré mon livre avec le regard critique d'une correctrice, mais aussi celui d'une mère. Je tiens également à remercier Markus Wiggli, éminent biologiste, qui a pris le temps de se pencher sur mon livre pour le peaufiner en s'appuyant sur son savoir et ses compétences profondes, et pour finir, Pierre Bühler, (avec lequel je ne suis pas parent) qui a mis la dernière touche à mon manuscrit avec ses illustrations.
Un grand merci à tous !

À propos de l'auteur

Né en 1956 à Sursee en Suisse, Franz Bühler a accumulé de l'expérience tout au long d'un processus très personnel. Son enseignement basé sur son expérience n'est pas seulement théorique, mais pratique. L'une des ses principales qualités consiste à savoir expliquer de manière simple et claire les processus de pensée et de comportements les plus complexes. L'étude de la vie et de ses lois fait partie depuis plus de trente ans des principaux objectifs de Franz X. Bühler. L'auteur s'est consacré à différentes méthodes de psychologie, telles que le training mental, la suggestopédie et l'étude de l'inconscient, et ses activités de coach en PNL (Programmation neurolinguistique) l'ont également amené à découvrir la physique et la psychologie quantiques. Il y a découvert une approche fascinante correspondant parfaitement à ses exigences de clarté et d'efficacité. Pour Franz X. Bühler, chaque individu est unique et précieux et doit être considéré avec attention et respect.
Franz X. Bühler se définit comme un « enseignant qui ne cesse jamais d'apprendre » et certainement pas comme un gourou ou un maître. Il est convaincu que chacun d'entre nous a sa part de sagesse, et considère que sa tâche est de réveiller en nous nos qualités endormies. Franz X. Bühler est célèbre pour ses nombreux coachings individuels dans lesquels il aide ses clients à régler leurs problèmes quotidiens, même les plus complexes, de manière simple, rapide et efficace. Il est également célèbre pour ses séminaires de stratégies d'apprentissage, son séminaire iPower, sa méthode IP-Mind, ses séminaires de courses sur le feu, son cours « maigrir et rester mince », son training IP-Master et son école d'entraînement mental et de développement personnel selon VSMPT.

Préface

« Le ventre est le maître de tous les arts »

(Perse, poète satirique romain, 34-62 après J-C.)

24 heures par jour, nous sommes au cœur de la vie. Avec nos yeux, nos oreilles, notre nez et notre bouche, nous appréhendons et essayons de comprendre le monde qui nous entoure. Certaines de ces expériences s'accumulent dans notre tête, d'autres trouvent leur chemin vers notre cœur.

Et nous constatons que tout est dans la contradiction. Si nous voulons évoluer, nous devons nous réorienter chaque jour et apprendre davantage. Cela peut être passionnant et motivant et nous oblige à relever de nouveaux défis. Chaque situation nous apporte une nouvelle chance, à condition que nous sachions la saisir.

Ce qui était encore valable hier doit être redéfini aujourd'hui sans que nous soyons forcément personnellement impliqués.

Ce processus fait continuellement travailler notre esprit et exige de nous que nous restions toujours ouverts et prêts à appréhender la vie avec tolérance et sagesse.

Nos expériences et nos connaissances sont, entre autres, le fondement d'une vie accomplie. Nous sommes mieux en mesure d'agir à partir du moment où nous avons réussi à intégrer notre vécu à la fois dans notre tête et dans notre cœur, et que, même si nous n'en sommes pas toujours conscients, nous écoutons notre « ventre ». C'est la bonne méthode, et elle nous rend plus sûrs de nous lorsque nous prenons une décision et agissons.

Dans le livre « De la tête au cœur » vous découvrirez des expériences, des faits, parfois de simples sagesses populaires, qui ont aidé de nombreuses personnes à mieux construire leur vie et à réussir. Ces conseils vous seront précieux pour votre développement personnel et vous permettront d'aborder vos problèmes dans une perspective nouvelle, afin de mieux entendre ce que vous dit votre « ventre ».

Chère lectrice, cher lecteur, je vous souhaite « de tout mon ventre », pardon, « de tout mon cœur », une excellente lecture !

Peter Suter, Frick (Suisse)

Sommaire

Chapitre *Page*

II.
L'univers, le plus grand magasin de projets, de souhaits et de rêves

III.
Les outils du succès, simples, faciles à utiliser et efficaces

IV.
Des certitudes vraies et utiles au quotidien

V.
Vos pensées, une mine d'or

VI.
La richesse : une réalité tangible et accessible

VII.
Comprendre et appliquer les sagesses des grands penseurs

VIII.
Des habitudes qui vous feront progresser

IX.
Des choses qui facilitent la vie

Comment lire ce livre

Mais que s'imagine ce Monsieur Bühler ? Comme si nous ne savions pas lire un livre tout à fait ordinaire ! Un livre « tout à fait ordinaire» ? Excusez-moi, mais là, vous vous trompez !
Si vous avez malgré tout le sentiment que ce livre peut vous apporter des idées fascinantes et que sa lecture risque d'être passionnante, alors n'hésitez pas, continuez ! Qui sait ?

Vous pouvez lire ce livre de diverses manières :

par exemple, en le dévorant du début à la fin comme n'importe quel autre livre. Vous pourrez en tirer des idées et des conseils précieux et même y découvrir des sagesses millénaires qui vous seront très utiles. Laissez-les pénétrer profondément dans votre inconscient et observez avec attention quel sera leur effet dans votre vie quotidienne.

Ou alors lisez-le de la façon suivante :

chaque fois que vous aurez envie de découvrir une « maxime du jour », ouvrez ce livre et choisissez une page au hasard, car le « hasard » peut toujours nous aider !

La troisième manière de le lire pourrait être la suivante :

ne lisez qu'un seul chapitre par jour, soyez ouvert et curieux de découvrir quelque chose de nouveau, et réjouissez-vous tous les soirs à l'idée de la maxime que vous allez trouver le lendemain, un peu comme si vous aviez joué au loto et que vous attendiez fébrilement les résultats du tirage.
Au bout de quelques mois, vous pourrez relire ce livre une deuxième, voire une troisième fois. Je parie que vous y découvrirez à chaque lecture des choses que vous n'aviez pas encore remarquées.

La quatrième forme de lecture ...

... serait une approche « bibliomantique ». Elle a quelque chose de magique en soi et s'adresse surtout aux personnes curieuses de faire de nouvelles expériences. Vous sentez-vous concerné ?
Alors, voilà comment cela fonctionne :
« Fermez les yeux et posez une question claire, à laquelle vous brûlez d'impatience de trouver une réponse. Gardez votre question en tête et, toujours les yeux fermés, prenez le livre en main et commencez à le feuilleter en vous concentrant. Ouvrez-le au hasard et mettez le doigt sur un passage quelconque. Regardez alors sur quelle page vous êtes tombé. Quel passage avez-vous « choisi » ? Êtes-vous surpris ?

Il se peut que ce passage vous procure des indications importantes qui vous permettront d'avancer dans votre projet. Parfois seul un passage est utile, souvent c'est la page entière.
Soyez ouvert, curieux, ayez envie de faire une expérience et laissez-vous surprendre ! Des idées tout à fait nouvelles peuvent être une source de réflexion précieuse, vous donner une impulsion et faire évoluer vos projets de manière spectaculaire. Celui qui croit tout savoir et n'avoir plus rien à découvrir reste prisonnier de son étroitesse d'esprit. Il n'évolue pas.

Et surtout rappelez-vous de ce que l'homme a découvert et créé ces dernières années. Ce qui, il y a cent ans, était encore inconcevable, est devenu aujourd'hui réalité, comme par exemple les choses dont nous nous servons quotidiennement : la radio, la télévision, la transmission par satellite, l'ordinateur et tant d'autres choses encore !

I.

Changez votre vision des choses

On appelle pierre brute le diamant qui vient d'être extrait de la terre. Sa forme est claire, mais il est encore trouble. Son caractère est secret.

Découvrez
le diamant
qui sommeille
en vous.

Cachés en chacun de nous et souvent difficiles à découvrir, nos diamants n'attendent que d'être découverts et « taillés » …

Gagneurs ou perdants ...
Quelle différence !

Le perdant a toujours un problème.
Le gagneur a toujours une solution.
Le perdant a toujours une excuse.
Le gagneur a toujours un projet.
Le perdant dit : « Ce n'est pas mes oignons. »
Le gagneur dit : « Je vais le faire pour toi. »
Le gagneur trouve une réponse à chaque problème.
Le perdant voit un problème dans chaque réponse.
Le perdant voit les choses de manière compliquée.
Le gagneur trouve des idées simples.
Le perdant dit : « C'est peut-être possible,
mais c'est trop difficile. »
Le gagneur dit : « Cela risque d'être difficile,
mais c'est possible. »
Et vous, que diriez-vous ?

Le hasard n'existe pas

Attention, la journée d'aujourd'hui pourrait devenir l'une des plus passionnantes et des plus intéressantes de votre vie. Car il faut que vous tranchiez la question : « Le hasard existe-t-il ou pas ? » Vous n'avez pas besoin de répondre immédiatement par OUI ou par NON. Peut-être que l'information suivante pourra vous aider : grâce aux recherches poussées qui ont été menées dans le domaine de la physique quantique, les scientifiques peuvent prouver aujourd'hui que le hasard n'existe pas. Ce qui existe, ce sont des événements dont nous ne pouvons pas expliquer consciemment, au moment où ils se produisent, la relation qu'ils entretiennent avec une cause précise qui a eu lieu à un certain moment.
C'est surprenant, n'est-ce pas ? Si le hasard n'existe vraiment pas, vous pourrez déduire de vos expériences que quelque part dans votre vie et donc dans le superordinateur qu'est votre cerveau, il doit y avoir des contenus mémorisés. Ceux-ci attirent des choses que vous n'aimez peut-être pas, que vous aimeriez différentes. Commencez aujourd'hui à observer avec attention les « hasards » qui se produisent dans votre vie. Prenez votre temps. Moi qui suis électronicien et donc extrêmement rationnel, j'ai eu besoin de plus de 50 « hasards » pour avouer enfin – et pas de bon gré - que le hasard n'existe pas. Alors, posez-vous maintenant la question suivante : « Que m'est-il arrivé « par hasard » ces derniers temps ? »

L'histoire de l'aigle

Il était une fois un magnifique œuf d'aigle aux couleurs irisées qui était tombé dans un nid de poules tout doux. Bien que l'œuf fût fort différent des autres, et après avoir hésité longuement, les poules décidèrent de le couver quand même.
Le temps passa et un drôle de poussin sortit de sa coquille. Des mois s'écoulèrent, les poussins grandirent et leurs mères leur apprirent comment se comporte un « vrai poulet ». Un jour, le petit aigle aperçut au loin dans le ciel un grand oiseau planer majestueusement au-dessus de lui. « Oh, si je pouvais seulement voler comme lui ! », se dit-il plein d'espoir. Il en parla au poulailler, mais toutes les poules réunies se mirent à caqueter avec agitation autour de lui pour lui dire : « Ce n'est pas pour nous ! C'est beaucoup trop dangereux, les poules ne peuvent pas voler aussi haut ! ».
Le petit aigle apprendra-t-il ou non à voler aussi majestueusement que l'oiseau qu'il a admiré dans le ciel ? Cela dépendra uniquement de ce qu'il se sera mis dans la tête. Dira-t-il : « Ce n'est pas pour moi. » ou bien osera-t-il déployer ses superbes ailes en se disant : « Je vais essayer » ?
Quelles belles et grandes choses vous semblent « ne pas être pour vous » ? Quand allez-vous tout simplement vous y mettre et les réaliser ?

Même le chemin le plus long commence par un premier pas

Quand j'ai eu l'idée d'écrire ce livre, je me suis dit : « Mais où est-ce que je vais trouver le temps ? Mon planning est déjà plein à craquer !

Alors m'est venue une idée incroyable : si je n'écris pas plus qu'une page par jour, j'aurai terminé mon livre au plus tard dans 168 jours ! » Mon sang ne fit qu'un tour à cette idée et un sentiment merveilleux de force et de courage inhabituel m'envahit. Finalement, j'ai même écrit plusieurs pages par jour et mon livre a été achevé bien plus vite que prévu !

Peu importe ce que vous avez décidé de faire et quelle que soit la taille des « montagnes » devant lesquelles vous vous trouvez, réfléchissez, planifiez puis progressez pas à pas. Avancez avec confiance et motivation vers votre objectif !

Et ayez toujours en tête : un kilomètre....

Et surtout n'oubliez pas le calcul suivant : un kilomètre, c'est 1000 pas, un million d'euros, c'est un million de fois un euro. Chaque pas, chaque euro comptent pour atteindre votre but !

L'amour, un sentiment réservé aux rêveurs ?

(l'amour, l'outil des réalistes et autres « fous »)

Il paraît que l'amour est la plus grande force que nous ayons. Qu'est-ce que cela signifie concrètement ? Que tout va bien, que tout roule, que la vie est belle ? Non, aimer quelque chose signifie l'aimer et l'accepter à tous les niveaux, en être satisfait, ne pas douter.
Aimer signifie aussi : mettre toute son énergie dans ce que nous voulons de tout cœur. Être touchés, enthousiasmés jusque dans chaque fibre, chaque molécule, chaque atome de son corps. S'envoler, vibrer, trembler d'excitation quand on pense à une idée ! Devenir soi-même son idée ! Être son idée !
Les gagneurs se demandent toujours : « Qu'est-ce que j'aime dans telle chose ? Que puis-je faire pour aimer plus, de manière plus intense ? Qu'est-ce qui fait que j'aime tant telle ou telle chose ? Qu'est-ce qui peut me donner confiance et me persuader que tel ou tel projet est possible ? » Êtes-vous un gagneur ?

Valorisez-vous !

Le spécialiste de physique quantique Ulrich Warnke a calculé que la valeur énergétique d'un gramme de matière humaine équivalait à la valeur d'un million de dollars !
Alors quelle personne, lorsqu'elle a un minimum de bon sens, peut affirmer ne pas être précieuse, ne serait-ce que matériellement ? Naturellement votre valeur n'est pas uniquement matérielle. Pour vous sentir vraiment précieux et être convaincu de vos valeurs morales et physiques, vous devez développer un sentiment fort et profondément ancré de votre valeur personnelle !
L'exercice suivant a fait de véritables miracles auprès de nombreuses personnes : demandez-vous ce qui vous rend si précieux pour les autres ? Est-ce votre expérience, votre savoir, votre fiabilité, votre capacité d'écoute, ou quelles autres qualités encore ? Qu'estimez-vous particulièrement en vous ? Quelles expériences précieuses avez-vous déjà faites et que vous ont-elles apporté ? Qu'ont-elles apporté à votre entourage ? Notez tout cela sur une feuille de papier et lisez-la pendant 60 jours, tous les jours, au moins trois fois par jour, dont une fois avant de vous coucher !
Vous n'êtes pas seulement une personne physique, vous êtes également la somme de toutes vos pensées et expériences. C'est cela qui vous rend unique et précieux !

Si vous laissez passer la moindre petite chose, c'est le début de la fin !

(Ralph Krueger, entraîneur de l'équipe nationale suisse de hockey)

Il est primordial de vous tenir à une discipline de fer si vous voulez que vos projets réussissent. Si vous commencez à vous laisser un tout petit peu aller et à devenir négligent, le premier obstacle à votre réussite va se nicher inévitablement dans votre inconscient ! Et ce petit tyran à première vue insignifiant sera parfaitement en mesure de saboter votre motivation jour après jour, jusqu'à la réduire à un tas de cendres. Vous devez donc impérativement vous fixer des objectifs réalistes et réalisables que vous planifierez étape par étape.
Ne vous fixez qu'une seule étape par jour. Travaillez de manière disciplinée et ne vous arrêtez jamais avant d'avoir atteint cet objectif précis.
Et comment vous sentirez-vous à la fin de la journée quand vous ferez le bilan de vos activités et constaterez que vous avez effectivement atteint l'objectif que vous vous étiez fixé ce jour-là ? N'éprouverez-vous pas une certaine fierté ? Et cela ne renforcera-t-il pas votre confiance en vous ?

Croyez à l'impossible, l'impossible deviendra possible

Du point de vue strictement linguistique, le mot « impossible » a un sens absolu qui ne semble laisser aucun espoir. Vraiment ? N'est-ce pas plutôt l'inverse ? En effet, le mot « impossible » contient aussi le mot « possible ». Et la syllabe « im - » signifie généralement « pas comme ça ». « Impossible » ne signifie donc pas « pas possible » mais « pas possible comme ça ». Nous faisons donc une erreur quand nous prenons le mot « impossible » à la lettre ! C'est justement le contraire. En réalité, ce mot signifie toujours qu'il y a certainement une solution. Vous ne l'avez tout simplement pas encore trouvé...
Peut-être vous manque t-il seulement la conviction d'y arriver ? Dans ce cas, demandez-vous ce que vous pouvez faire aujourd'hui pour renforcer votre conviction pour réussir à 100 % ? Travailler mentalement à votre projet ? Agir concrètement ?
N'est-il pas merveilleux de penser que d'autres personnes avant vous se sont déjà trouvées dans la même situation ou dans une situation similaire et qu'elles ont réussi ? Tout ce que quelqu'un a réussi un jour, vous pourrez vous aussi le réussir. Car vous agissez selon les mêmes recettes et les mêmes principes que tous vos semblables.

Vous avez un problème ? Tant mieux, c'est que vous vivez !

(Napoleon Hill, coach en développement personnel)

Pourquoi tant de personnes ont-elles des difficultés avec le mot « problème » ? Souhaitez-vous réellement ne plus avoir de problèmes ni de défis dans votre vie ? Je ne connais qu'un seul endroit où personne n'a de problème : c'est le cimetière ! Les problèmes que nous avons surmontés nous rendent toujours plus forts, plus expérimentés et nous font évoluer à bien des niveaux. Et surtout n'oubliez pas la chose suivante : il n'y a pas de problème, ou si vous préférez, de challenge, sans solution. C'est le principe même de la polarité.
Sachant cela, vous pourrez avoir parfaitement confiance en vous et vous sentir suffisamment fort pour aborder sereinement vos problèmes, au lieu de les éviter ou d'en souffrir. Croyez-moi, contourner un problème ne sert à rien, j'en ai trop souvent fait l'expérience et cela n'aboutit à rien! Je me suis toujours retrouvé régulièrement confronté aux mêmes problèmes. Ils avaient peut-être chaque fois une autre forme, mais ils étaient en réalité absolument identiques.
Abordez vos problèmes dans toute leur profondeur, réfléchissez et essayez de trouver quel comportement vous y a conduit. Et une fois que vous aurez compris, changez votre manière d'agir ! Vous verrez, vous serez surpris …

Des échecs qui n'en sont pas

Pour la plupart des gens, les échecs sont des expériences totalement démotivantes qui les démoralisent et les empêchent d'atteindre leurs objectifs. Pire encore, ils sont capables de faire s'effondrer leurs rêves comme de simples châteaux de cartes. Cela ne doit et ne devrait pas arriver.

En effet, un échec n'est jamais réellement un échec. Car les échecs, tout comme les succès, ne sont que de simples résultats. Tirez-en plutôt une leçon et évitez tout simplement de produire le même résultat une seconde fois !

Toute notre vie est composée de résultats « acceptables » et d'autres « moins acceptables ». C'était déjà comme ça quand vous avez appris à marcher. Avez-vous abandonné au bout de la centième fois en disant : « Je n'y arriverai jamais ... » ? Certainement pas, sinon vous auriez aujourd'hui encore les genoux égratignés et vous en seriez toujours à ramper ou à marcher à quatre pattes ! De fait, vous avez certainement essayé au moins une 101ème fois ou une 102ème fois jusqu'à ce que vous y arriviez ...

Cette manière de voir les choses peut vous aider à tirer profit de vos échecs : considérez donc chacun de vos échecs comme une expérience qui sera un investissement précieux pour votre développement personnel. Acceptez votre échec avec gratitude car il vous permettra de grandir.

Les personnes les plus appréciées sont celles qui ont de l'expérience. Or, l'expérience n'est pas quelque chose qui s'apprend à l'école, mais c'est la somme de toutes nos expériences !

Un bateau est toujours en sécurité au port, mais il n'a pas été construit pour ça

Faites-vous partie des gens qui préfèrent rester tranquillement au port plutôt que de se jeter à l'eau ? Alors il est vraiment temps de quitter le port. Découvrez le monde et la vie, vous verrez, cela peut être une merveilleuse aventure ! Car au fond, vous êtes un bien meilleur navigateur que vous ne le croyez ! Préparez votre voyage, prenez des forces et mettez-vous en route. Vous verrez qu'il est bien plus facile que vous ne le pensiez de gouverner un bateau. Et ce que vous ne savez pas encore faire, vous l'apprendrez en route.
Goûtez l'écume vivifiante qui vous rafraîchira les joues, le vent qui vous soufflera au visage, la beauté de la mer, et accueillez les défis que la vie vous pose. Ce sont ces petits plus, des challenges qui pimentent votre vie. D'ailleurs, ils sont encore plus que ça ! Ce sont vos vrais amis sans lesquels vous n'avancez pas et qui vous amènent sur des rives inconnues. Mettez les voiles et lancez-vous !

Seul celui qui vise ce qui est irréalisable peut réussir ce qui est réalisable

Tout cela est bien beau, direz-vous, mais que se passe-t-il si les objectifs que vous vous êtes fixés sont irréalistes ? Stress et frustration sont inévitables, pensez-vous. Mais non ! À condition de respecter un seul principe : soyez toujours satisfait de ce que vous avez déjà obtenu, même si cela ne correspond pas encore à votre objectif final, et continuez de vouloir atteindre l'irréalisable.
Les objectifs importants font naître des idées importantes. Mais les objectifs inintéressants ne peuvent déboucher que sur des idées insignifiantes. Faites-en vous-même l'expérience. Quelles idées vous viennent à l'esprit quand vous vous demandez : « Que dois-je faire pour gagner 10 % de plus en un an ? » Et que vous inspire la question suivante : « Que dois-je faire pour gagner deux fois plus en un an ? » Réfléchissez bien, car si quelqu'un a réussi ce pari un jour, vous aussi, vous pouvez y arriver. Vous avez les mêmes chances, vivez sur la même terre et suivez les mêmes principes universels.

Soyez reconnaissant !

Soyez reconnaissant pour tout ce que vous avez, pour votre santé, votre savoir, vos capacités, votre entourage, votre fortune, votre travail, vos voisins, votre vie. Si vous avez un souhait, demandez à l'intelligence universelle, Dieu, Jésus ou quel que soit le nom que vous lui donniez, de vous aider à le réaliser. Et surtout, car c'est l'essentiel : remerciez-le d'avoir fait que vos pensées soient devenues réalité, que vos souhaits soient exaucés.
Tout cela peut vous sembler bizarre et même peut-être un peu mystique. Mais ce n'est pas le cas. Du point de vue de la physique quantique, c'est en réalité la meilleure méthode. Pourquoi ?
Parce qu'exprimer votre gratitude avant même que votre souhait ne se soit complètement réalisé vous permettra de vous représenter mentalement votre souhait exaucé et de l'ancrer ainsi dans votre esprit.
Cette reconnaissance aura un avantage supplémentaire qui n'est pas du tout négligeable : exprimer votre gratitude est l'une des meilleures façons de lâcher prise. Un processus qui s'explique parfaitement dans la logique de la physique quantique !

Sourire, c'est la plus belle manière de montrer les dents aux autres

Ou comme l'a écrit un jour Arthur Lassen, coach en psychologie :
« Le sourire est le lien le plus direct qui existe entre deux personnes. » Adoptez le principe S.P.Q.L.A., qui signifie « Souriez plus que les autres ! »
Avec un sourire, tout est plus facile. Même si aujourd'hui vous n'avez pas du tout envie de sourire, souriez et ressentez l'effet bénéfique de votre sourire, vous verrez, ce sera pour vous comme du baume au cœur.
On sait depuis longtemps qu'en souriant on utilise 50 % de moins de muscles que lorsqu'on fait une grimace ou qu'on prend un air renfrogné.
Alors, c'est à vous de décider : voulez-vous vous sentir mal et tendu toute la journée ou préférez-vous vous sentir bien, énergique et motivé ? Alors faites dès aujourd'hui le test suivant : souriez le plus souvent possible, souriez à toutes les personnes que vous croisez et observez ce qui se passe. Dans la plupart des cas, vous recevrez un gentil sourire en retour. Et si quelqu'un vous refuse un sourire, c'est son problème, pas le vôtre.

J'aime fréquenter les gens et les gens aiment me fréquenter.

(Hans Peter Zimmermann, hypno thérapeute)

Avez-vous des contacts? Êtes-vous cadre ? Êtes-vous dans le commerce ? Alors faites ce test. Vous serez étonné de constater à quel point cette phrase, si elle est ancrée profondément en vous, pourra transformer votre vie : « J'aime fréquenter les gens et les gens aiment me fréquenter. »
Quand j'ai décidé de répéter cette phrase à haute voix plus de 300 fois par jour des mois durant jusqu'à m'en mordre la langue, quelque chose d'extraordinaire s'est produit. J'étais en bien meilleure forme, les gens m'abordaient volontiers et plus chaleureusement, j'étais bienvenu partout et j'obtenais des rendez-vous avec une facilité déconcertante jusqu'à doubler mon chiffre d'affaires. Et j'exerce aujourd'hui l'un des métiers les plus beaux et les plus passionnants du monde : j'ai le bonheur d'aider les gens dans leur développement personnel.
Tout cela à cause de cette phrase magique ? Qui sait ? Ce que vous rayonnez, vous le recevrez en retour !
Vous verrez.

Je peux, je réussis, je suis génial !

(autosuggestion)

Vous êtes-vous déjà demandé à quoi riment les vociférations ou les exercices de taï chi que font les Japonais tous les matins, ou les mêlées que forment les équipes de rugby tout en poussant des cris de guerre sauvages ? C'est simple : dans les deux cas, ils se mettent dans l'ambiance pour se booster, pour se motiver !
Et pouvez-vous me donner une raison valable pourquoi cette méthode ne fonctionnerait pas aussi pour vous ?
La réponse du perdant serait : « Oui, mais je ne peux quand même pas, qu'est-ce que les gens diraient … »
Par contre la réponse du gagneur serait : « Pourquoi pas ! »
Testez vous-même et vous verrez. Voici l'exercice d'autosuggestion que je vous propose : inspirez profondément, souriez et dites à haute voix tout en levant les bras : « Ouiii, je peux, je réussis, je suis gééééénial ! ». Répétez le tout dix fois … Et si vous voulez encore en intensifier l'effet, faites cet exercice avec vos collègues de travail et répétez tous ensemble : « Comment sommes-nous ? Nous sommes gééééniaux ! »

Adieu le « oui mais », bonjour le « pourquoi pas » !

(affirmation auto suggestive)

Quand on leur demande ou propose quelque chose, bien avant qu'ils n'aient exprimé leur opinion dans les détails, les gagneurs sont faciles à repérer : ils commencent toujours leur réponse par un sympathique « Pourquoi pas » qui évoque immédiatement une solution possible. Ils cherchent des solutions !
Les perdants, eux, diront : « Oui, mais » et ce « mais » coupe toute envie de continuer la discussion. Surveillez ce que vous dites : en effet, les objections, les excuses et les prétextes commencent (presque) toujours par un « mais ».
Alors maintenant, à vous de décider : voulez-vous changer quelque chose dans votre vie, prendre un autre chemin, atteindre des objectifs, réaliser des souhaits et des rêves ? Ou bien cherchez-vous à prouver pourquoi justement cela ne fonctionne pas? Voulez-vous réussir ou avoir raison ?
Alors, ne soyez plus un habitué des « Oui mais » et devenez un adepte du « Pourquoi pas », pour l'amour de vous-même, de vos souhaits et de vos rêves !

C'est la plus précieuse de toutes les pierres. Elle ne peut être taillée qu'avec sa propre poudre, aucune chaleur ne peut la faire fondre, aucun liquide la dissoudre. Seul le feu artificiel le plus violent peut la transformer intégralement en carbone.

Les voilà enfin, les diamants bruts, découverts, sortis de leur gangue, prêts à s'éveiller à la vie dans des mains expertes. Quel précieux « gagneur » se cache-t-il derrière leur surface rugueuse ?

Les perdants disent : « Je vais essayer ! »

Il ne faut pas essayer, il faut agir ! Le mot « essayer » évoque déjà une porte de sortie qui dit plus ou moins : « J'ai essayé, mais cela n'a pas marché. » Et donc, une fois de plus, vous abandonnez, découragé.
Mais qu'est-ce qui n'a pas marché exactement ? Absolument rien !... Vous avez seulement obtenu un résultat auquel vous ne vous attendiez pas ou que vous ne souhaitiez pas obtenir.
Ou avez-vous même été jusqu'à vous dire : « Je m'en doutais » ? Dans ce cas, vous avez programmé dès le départ ce que vous ne souhaitiez pas obtenir comme résultat !
Vous n'aurez plus jamais besoin d'avoir peur de quoi que ce soit si vous réussissez à considérer les événements comme ce qu'ils sont : de simples résultats !
Les gagneurs disent toujours : « Je le fais », et si le résultat ne leur plaît pas, ils recommencent, mais cette fois-ci différemment car ils ont alors compris ce qu'il ne fallait pas faire. Optez donc vous aussi pour l'affirmation suivante : « Oui, je le fais ! »

Pas le temps de faire des stages, de lire, de vous cultiver ?

Alors lisez l'histoire suivante :
Un promeneur rencontre un bûcheron qui est en train d'essayer d'abattre un arbre. Sa scie est complètement émoussée et il progresse avec difficulté. « Aiguisez votre lame, vous pourrez scier bien plus facilement et vous avancerez plus vite ! », lui dit le promeneur. À quoi le bûcheron rétorque :
« Mais je n'ai pas le temps, il faut que je scie ! »
Et vous, quand, comment et avec quoi aiguisez-vous votre « lame » ? Quand prenez-vous le temps de vous cultiver ? Élaborez tout de suite un planning dans ce but et commencez maintenant. Car tout ce que vous n'aurez pas réalisé dans les trois jours ...sera remis aux calendes grecques...donc à jamais ! Vous pouvez par exemple donner un coup de téléphone pour vous renseigner sur quelque chose, rassembler des documents pour établir un dossier, commander un livre intéressant, acheter un magazine passionnant, faire un compliment sincère à quelqu'un.
Alors, quand, comment et avec quoi allez-vous aiguiser votre « lame » ?

La liberté d'être fou

Beaucoup trop souvent, nous nous efforçons de répondre aux attentes des autres et de nous comporter comme les autres l'attendent de nous. Et pourtant, comme nous aimerions faire les fous de temps en temps, comme ça, sans raison, faire des folies et enfreindre quelques règles, être rebelles ! ...
Mais souvent, nous nous retenons de le faire en nous posant des questions plutôt destructrices du genre : « Qu'est-ce que les autres vont en penser ? » Et bien, je vais vous dire : premièrement, beaucoup de gens aimeraient en faire autant, et deuxièmement, peu importe ce que les autres disent ou pensent. C'est leur problème. Vous avez parfaitement le droit de faire le fou et de vous amuser ! Et je vous invite même à le faire : faites le fou de temps en temps ! Votre entourage apprendra à l'accepter. Avec le temps, on vous collera même une étiquette de fou et ce sera la meilleure chose qui puisse vous arriver ! Car à partir de ce moment, vous pourrez profiter de cette nouvelle liberté aussi souvent que vous en aurez envie. Et les gens penseront que c'est normal que vous fassiez telle ou telle bêtise puisque vous êtes un peu fou. Personnellement, je savoure pleinement la liberté d'être fou. La seule chose qui compte, c'est de ne jamais nuire aux autres (Celui qui sème, récolte !)

Ne demandez jamais un conseil si vous n'êtes pas prêt à le suivre

Certaines personnes demandent souvent conseil à un ami ou à une connaissance.
Mais en réalité, elles ne souhaitent qu'être confirmées dans leurs opinions et se persuader qu'elles ont tout fait comme il le faut, et même mieux que les autres ... C'est comme si ces gens se resservaient de vin alors que leur verre déborde déjà ... Avant de demander conseil à quelqu'un, réfléchissez pour savoir si vous êtes sincèrement et réellement intéressé par ce conseil, si vous êtes prêt à l'accepter et à changer quelque chose dans votre vie.
Videz votre verre de toute opinion préconçue et préparez-le à recevoir de nouveaux contenus. Celui qui pense savoir tout faire n'a pas encore développé son potentiel. Par contre, celui qui sait qu'il a des défauts comme tout le monde, et qui est prêt à en tirer un enseignement, a déjà progressé. Quant à celui qui sait que même là où il réussit le mieux, les autres peuvent encore lui apprendre quelque chose, et qui est, surtout, prêt à mettre sincèrement cet enseignement en pratique, celui-ci est alors en pleine possession de son potentiel.

Qu'est-ce qui est le plus important, posséder un immense savoir ou le mettre en pratique ?

Faites-vous aussi partie de ces « collectionneurs de savoir » qui sont impatients de découvrir sans cesse de nouvelles théories ? Et de ces gens qui avalent des piles de livres, qui suivent des formations et demandent sans cesse des conseils, tout cela dans l'espoir d'avoir un jour le grand déclic ? Je parie avec vous que, depuis longtemps, vous avez en vous la réponse. Je connais beaucoup de personnes qui ont un savoir impressionnant ! Malheureusement, ce savoir se trouve dans leur tête et non dans leur cœur ! Ils l'ont mémorisé mais ne l'ont pas compris. Quand enfin ils en prennent conscience, ils ont déjà fait un grand pas puisque le savoir n'est utile que si nous le vivons ! Il ne sert à rien de savoir comment quelque chose fonctionne, il faut impérativement intégrer ces connaissances à notre vie pour qu'elles deviennent une partie consciente de nous-même et qu'elles participent quotidiennement à structurer notre existence.

Les questions suivantes pourront vous aider : que signifie le savoir pour vous ? Comment et où pourriez-vous l'appliquer dans votre vie ? Quel sens profond se cache derrière ce savoir.

II.

L'univers, le plus grand magasin de projets, de souhaits et de rêves

Rêvez votre vie, vivez votre rêve !

Pour vivre votre vie de rêve, vous devez tout d'abord la rêver, c'est évident, cela est contenu dans l'expression « vie de rêve ». Quand avez-vous rêvé pour la dernière fois ? Je ne veux pas dire la nuit, non, je parle de rêve éveillé, du moment où vous vous trouvez sur un petit nuage, où vous songez à votre vie, où vous vous projetez dans l'avenir et où vous imaginez votre « vie en rose ».
Vous devriez « rêver » bien plus souvent ! Car rêver, ou plutôt songer est une « activité » qui comporte beaucoup plus de ressources cachées que vous ne pouvez imaginer.
Ce soir, en rentrant chez vous, mettez une musique relaxante et installez-vous confortablement dans votre fauteuil préféré. Fermez les yeux et imaginez tout ce que vous feriez si vous étiez libre de toute contrainte économique, si votre vie était entièrement assurée financièrement et si vous pouviez vivre de vos rentes. Admettons que vous ayez déjà fait le tour du monde dont vous avez rêvé si souvent, et que vous ne recherchiez plus désormais que le bonheur au quotidien. Alors, que feriez-vous ?

Le plus grand magasin du monde, c'est l'univers !

Il n'existe qu'un seul grand magasin où vous pouvez commander absolument tout ce que vous souhaitez : c'est l'univers. Vous y trouverez tout ce qui vous chante, et si vous vous débrouillez bien, vous serez même livré. Il n'y a qu'une seule chose que vous devez absolument prendre en compte : formulez votre commande de manière claire et précise, sinon les fournisseurs auront du mal à livrer ce que vous voulez vraiment.
Ce dont vous n'avez pas besoin ne les intéresse pas, il faut seulement qu'ils sachent ce qu'il vous faut ! « C'est évident », direz-vous. Mais écoutez les gens passer leurs commandes : la plupart d'entre eux mentionnent seulement ce qu'ils ne veulent pas. Ils ne veulent pas de dettes, pas d'enfants désobéissants, pas de « boulot à la con », pas de mari désagréable, pas de mauvaise secrétaire, pas de clients qui paient mal. Ils commandent donc très précisément ce qu'ils ne veulent pas. Si vous savez exactement ce que vous voulez, notez-le sur un papier et « envoyez » votre liste. Mais n'oubliez pas d'affranchir correctement votre courrier pour qu'il arrive à destination. « Affranchir » ? Mais, oui, avec des sentiments comme la joie et l'enthousiasme !

Passez une commande à l'univers Leçon N° 2

Par mesure de précaution, vous pouvez naturellement passer votre commande plusieurs fois. Mais cela n'est en fait pas vraiment nécessaire si vous avez affranchi suffisamment votre courrier. Car repasser chaque jour la même commande, c'est un peu comme si vous transportiez votre lettre sans la mettre à la boîte. Et le secret, c'est de lâcher prise.

Résumons :

1. Formulez précisément votre commande.

2. Prévoyez un affranchissement suffisant (énergie, joie, enthousiasme, motivation).

3. Imaginez le moment où vous recevrez votre livraison en mains propres.

4. Lâchez prise, oubliez votre commande, vous avez suffisamment de choses à faire pour préparer l'arrivée du livreur (travailler à vos objectifs, vos convictions, votre mental).

Un souhait ne suffit pas à lui seul

Il faut que vous ressentiez profondément en vous le désir de changer quelque chose. Votre motivation viendra comme toujours de votre inconscient. Il ne vous suffit pas de souhaiter que votre inconscient joue une autre musique. C'est à vous de mettre un autre CD et de commencer à penser et à agir autrement !

Il ne suffit pas de vouloir être riche. Il faut modifier votre comportement pour y arriver. Il ne suffit pas non plus de vouloir être intelligent et cultivé. Pour cela il faut commencer à se cultiver, à lire, à suivre des formations, à travailler à son développement personnel, De même il ne suffit pas d'être gentil, non, il faut commencer à avoir des pensées bienveillantes, à découvrir la gentillesse chez autrui.

Votre souhait est comme une graine.

À vous de l'arroser et d'en prendre soin !

La qualité de vos objectifs détermine la qualité de votre avenir

(Klaus Kobjoll, entrepreneur et expert en marketing)

N'avez-vous que de petits objectifs à peine dignes d'être mentionnés ? Ou êtes-vous désillusionné, découragé à force de forger des plans d'enfer et des stratégies infaillibles, parce que, de toute façon, cela ne marche que pour les autres ? Dommage, car je vous assure que vous risquez de passer à côté d'un tas d'expériences passionnantes pour votre vie !
Le moment où l'on atteint les objectifs personnels que l'on s'était fixés donne naissance à un sentiment indescriptible de joie, de satisfaction, de bonheur.
Vous souvenez-vous du moment où vous avez commencé à marcher, de vos premiers pas, un peu hésitants et maladroits au début, mais qui de jour en jour devenaient de plus en plus sûrs et de plus en plus grands ? C'est exactement comme cela avec les objectifs que vous souhaitez atteindre. Réfléchissez d'abord à la direction que vous souhaitez prendre, puis exercez-vous, encore et encore ! Vos objectifs sont des « images de succès » mémorisées dans votre inconscient. Si vous avez de petits objectifs, vous vivrez de petites choses.
Si vous avez de grands objectifs, de grandes choses pourront vous arriver. C'est aussi simple que ça. Alors à vous d'agir !

Vous avez des projets, des objectifs ? Sachez d'abord pourquoi, puis comment et avec quoi les réaliser

Vous souhaitez démarrer et réaliser quelque chose, vous avez des projets, des souhaits, des rêves, des objectifs ? C'est bien ! Mais posez-vous d'abord la question suivante : Pourquoi ? Pourquoi voulez-vous que vos projets se réalisent ? Qu'est-ce que cela vous apportera ? Quel sentiment ressentez-vous aujourd'hui quand vous vous projetez dans l'avenir et imaginez que ce projet a réussi ?
La question du pourquoi vous renseignera sur l'intensité de votre motivation. Votre motivation est la force irremplaçable dont vous aurez sans cesse besoin sur votre route. Vous trébucherez inévitablement sur des pierres ou rencontrerez des obstacles. Mais c'est justement à ce moment là que vous aurez besoin de la force de votre motivation pour continuer votre chemin.
La motivation a toujours ses racines dans la réponse au « pourquoi ». Ce n'est qu'une fois que vous aurez défini clairement vos objectifs que vous pourrez alors vous poser la question suivante : comment et avec quoi réaliser ces objectifs ?

Êtes-vous aussi Mister ou Miss 95 % ?

Quand je travaillais encore dans la vente d'appareils de mesure électroniques extrêmement complexes, il m'arrivait régulièrement quelque chose de très particulier. Quel que fût le montant du budget fixé par mon patron, je n'atteignais jamais plus de 95 %. Cela me semblait bizarre. Aujourd'hui, je sais que ma confiance en moi et mon estime de moi n'étaient tout simplement pas assez développées pour me permettre de dépasser ces 95 %. Je restais en dessous de la barre car je ne me sentais pas assez sûr de moi pour réaliser les 100 %.

Depuis que j'ai compris cela, je fixe mes objectifs de manière à ce que ces 95 % soient toujours supérieurs d'au moins 20 % au résultat de l'année précédente, et je prévois un programme détaillé pour y arriver. Ainsi, j'optimise constamment mes performances. De plus, j'ai découvert autre chose : j'ai appris à être content de ces 95 % car ils sont déjà très précieux (comme moi d'ailleurs !). Parfois, il suffit de tricher un peu avec nos « programmes » et tout devient plus facile.

La roue du succès, un logiciel de programmation d'objectifs

(inspiré du moulin à prières tibétain)

Avez-vous un but, un souhait, un rêve ? Bien. Alors notez tout ce dont vous disposez dès maintenant pour participer à la réussite de ces projets : vos capacités, votre savoir, vos qualités, vos moyens financiers, votre partenaire, votre entourage, vos connaissances, les livres que vous avez lus, les stages et séminaires que vous avez suivis, les institutions que vous pouvez contacter, etc.
Puis dessinez une roue avec au centre un gros moyeu sur lequel vous inscrivez votre objectif. Les rayons représentent les capacités et les moyens dont vous disposez. Décorez tout cela de belles couleurs, allez-y à cœur joie ! Plus votre dessin sera agréable à regarder, mieux ce sera ! Collez la roue sur un morceau de carton et montez une petite tige en son milieu. Mettez-la à un endroit où elle pourra tourner facilement. Installez-vous confortablement dans votre fauteuil préféré, regardez tranquillement votre roue tourner et envolez-vous avec elle dans le monde fabuleux de vos rêves.
Et si en plus vous mettez votre musique favorite ou même fredonnez une chanson, vous intérioriserez encore mieux tout cela dans votre inconscient, votre logiciel de programmation d'objectifs !

III.

Les outils du succès, simples, faciles à utiliser et efficaces

Le succès, c'est ce que l'on obtient en étant fidèle à soi-même

(Klaus Kobjoll, entrepreneur et coach en développement personnel)

Connaissez-vous l'histoire du petit chat qui courait tout agité après sa queue et qui n'arrêtait pas de tourner en rond ? Un jour, il rencontra un chat plus âgé qui lui demanda : « Mais qu'est-ce que tu fais là ? » Le jeune chat répondit : « Tu sais, je suis allé à l'école de philosophie pour chats et nous avons appris que chez les chats, le bonheur et le succès se trouvent dans la queue. Alors je me suis dit que si je courais assez longtemps après ma queue, j'aurais de la chance un jour. »
Le vieux chat lui répondit : « Ce que tu dis là est intéressant. En ce qui me concerne, je ne suis jamais allé à l'école des chats, mais j'ai constaté que j'ai toujours de la chance quand je marche dans le sens de mes rêves ! »
Voici donc la morale de l'histoire :
Il est inutile de courir après votre bonheur et votre chance. Faites ce que vous savez bien faire, ce dont vous rêvez, suivez votre intuition, avancez plein de confiance dans la direction de vos objectifs, de vos rêves et de vos souhaits, et votre bonheur et votre succès suivront !

La recette de base pour atteindre vos objectifs

- Déconnectez-vous de tout ce qui vous préoccupe (détendez-vous et fermez vos « tiroirs » quotidiens)
- Appuyez sur le bouton power (boostez votre bonne humeur, votre énergie)
- Branchez-vous sur vos objectifs (rappelez-vous les images d'objectifs que vous avez mémorisées)
- Soyez parfaitement concentré (ne faites que ce qui est important pour vous maintenant et limitez-vous à l'objectif que vous vous êtes fixé)
- Faites toutes les 60 minutes un break de 10 minutes (levez-vous, faites autre chose, accordez-vous une tasse de thé, un café ou un verre d'eau)

Ouvre son cœur

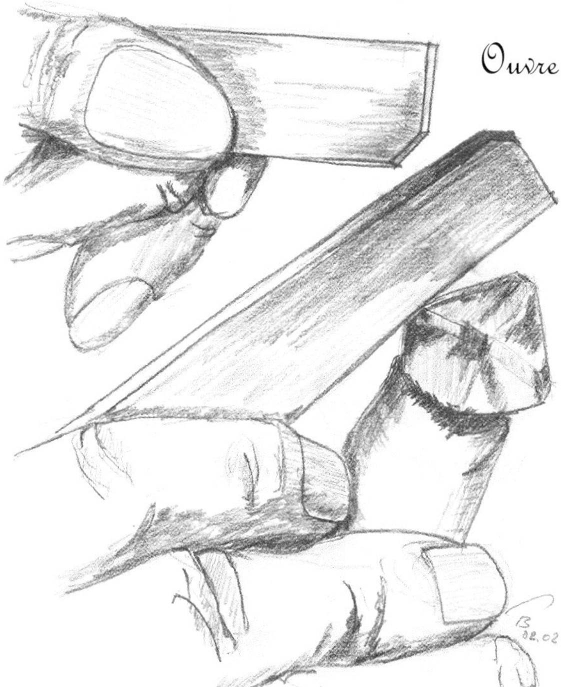

Comme
l'explosion originelle
un coup net et décisif frappe le diamant pour qu'il puisse s'ouvrir et dévoiler toute la beauté de son cœur, que l'on devinait seulement. La connaissance de soi passe par le cœur.

Et maintenant, tout se déroule étape par étape, pas à pas, selon un plan bien établi, qui a fait ses preuves, et qui va permettre de mettre au jour un trésor précieux.

Les 7 étapes du succès

Qui ne cherche pas la recette idéale du succès, utilisable pour tous les domaines de la vie, depuis l'amour et le couple jusqu'au travail et aux affaires, en passant par l'argent ? Vous venez de la trouver, la voici !
Je vous garantis que si vous la suivez étape par étape, vous obtiendrez des succès dont vous n'osiez pas rêver hier encore.
Mais je vous préviens :
il ne suffit pas de lire et de connaître la recette, c'est à vous de vous « mettre aux fourneaux » !

Et voilà comment elle fonctionne :

1. Analyse de l'existant	Où vous situez-vous ?
2. Objectifs	Où voulez-vous aller ?
3. Programme	Comment allez-vous y parvenir ?
4. Entraînement	Que vous faut-il encore ?
5. Réalisation	Du savoir à l'action !
6. Contrôle	Où en êtes-vous ?
7. Lâcher prise	Desserrez les freins qui vous bloquent

Les 7 étapes du succès : l'analyse de l'existant

Une question essentielle : quelle est votre situation actuelle ? Comment voulez-vous planifier votre croisière en voilier si vous ne savez pas dans quel port votre bateau est ancré ? Comment voulez-vous fixer la route de votre succès si vous ne savez pas exactement où vous vous situez actuellement ? N'oubliez pas cette étape, sinon vous n'avez aucune chance. Chaque pas peut vous rapprocher ou vous éloigner de votre but, sans que vous ne vous en aperceviez !

La question clé est la suivante : où en êtes-vous exactement ? Financièrement ? Familialement ? Professionnellement ? Du point de vue de vos compétences ? Vous débarrassez-vous régulièrement de ce qui vous freine ? Vous fixez-vous régulièrement des tâches pour la journée qui contribuent à la réalisation des objectifs passionnants que vous souhaitez atteindre ? Aimez-vous travailler ? Savez-vous lâcher prise ? Êtes-vous souvent en colère ou envieux ? Vous faites-vous du souci pour rien ? Avez-vous souvent peur de l'avenir ? Êtes-vous sincère, patient, discipliné, plein de joie de vivre et d'enthousiasme ? Pensez-vous de manière positive et ciblée ? Savez-vous décider et vite ? Dormez-vous suffisamment ? Êtes-vous capable de bien vous concentrer ? Avez-vous confiance en vous- même et dans les autres ? Êtes-vous un génie de l'organisation ? Êtes-vous aimable, équilibré, en bonne santé ?

Complétez cette liste en fonction de vos objectifs !

Les 7 étapes du succès : les objectifs

Maintenant que vous savez dans quel port votre bateau est ancré, vous pouvez continuer. Mais répondez d'abord aux questions suivantes : où votre voyage vous conduira-t-il ? Que voulez-vous exactement ? Quels sont vos objectifs précis ? Dans le chapitre SMART, vous apprendrez comment formuler précisément vos objectifs pour augmenter au maximum vos chances de succès !
Ensuite faites quelque chose pour votre motivation. Elle est le feu que vous devez sans cesse entretenir pour avoir la force de résister aux tempêtes les plus fortes ! Puis imaginez-vous comment ce sera quand vous serez arrivé à votre but et représentez-vous en train de jouer ce scénario. Avec qui partagez-vous la joie d'avoir réussi ? À quoi reconnaissez-vous que vous avez atteint votre but ? Que ressentez-vous ? Que disent les autres de vous ? Ressentez dès maintenant le bienfait d'avoir réussi.
Et maintenant fixez vos objectifs ! Comment doivent-ils être ? C'est tout simple !
Ils doivent être importants pour pouvoir contenir beaucoup d'énergie ! Nous perdons trop souvent des yeux les petits objectifs quand les premiers obstacles apparaissent. Découpez vos objectifs en plusieurs petites étapes. Et respectez la règle d'or suivante : un objectif intermédiaire doit pouvoir être atteint en trois jours.

Les 7 étapes du succès : le programme

Maintenant que vous savez dans quel port se trouve votre voilier, que vous commencez à entendre l'appel du large et que vous avez préparé votre bateau, un cruel dilemme se prépare : votre motivation va devoir se battre contre votre paresse !
Tout cela est-il vraiment nécessaire ? N'y a-t-il pas plus simple ?
Voulez-vous ou non ? Vous voulez ? Bon, alors établissez votre programme. Les question suivantes vous aideront : De quoi avez-vous besoin pour atteindre votre but ? De quel matériel ? De quelles connaissances ? De quelles relations ? De quelles compétences ? De quelles institutions, etc. Comment et avec quels moyens pensez-vous y parvenir ? Qu'est-ce qui pourrait vous aider à atteindre plus vite votre merveilleux objectif ? Quelles activités vous permettraient de vous rapprocher chaque jour un peu plus de vos objectifs ? Qu'est-ce qui est important, à quel moment et comment (liste de priorités) ? Qui devez-vous encore contacter à cet effet ? Que devez-vous encore savoir pour fixer ce planning minutieux ? Quels objectifs intermédiaires voulez-vous atteindre ? Comment allez-vous vous récompenser quand vous aurez atteint ces objectifs intermédiaires et votre objectif final ?
Le mieux serait de noter tout cela dans un petit « carnet de voyage ». Notez sur chaque page l'une des questions ci-dessus, et c'est parti ! Bonne chance !

Les 7 étapes du succès : l'entraînement

Si votre objectif est si important qu'aujourd'hui encore, il vous semble être un sommet inaccessible, vous devrez probablement vous entraîner pour développer certaines compétences indispensables. Vous ne partiriez pas faire une expédition dans l'Himalaya sans avoir déjà fait quelques randonnées plus ou moins difficiles pour vous préparer, n'est-ce pas ?
Réfléchissez donc aux points suivants : quelles compétences devez-vous encore acquérir pour atteindre votre objectif en toute sécurité, lesquelles devez-vous mettre en œuvre et à quel moment ? De quelles convictions aurez-vous besoin pour tenir le coup et suivre la discipline que vous vous serez imposée ? Quelles affirmations suggestives pourront vous aider à ce niveau ?
Avez-vous déjà fait votre liste ? Oui ? Alors, allez-y ! Je vous félicite, vous avez surmonté un nouvel obstacle afin d'amener votre bateau à bon port en dépit de toutes les tempêtes.
Et pour trouver de plus en plus de plaisir à cet entraînement quotidien fastidieux, voici une idée qui vous soutiendra dans les moments pénibles et qui aura une influence positive et quasiment « magnétique » sur votre motivation : fabriquez un « collage » de vos objectifs, auquel vous intégrerez vos buts les plus importants actuellement. Donnez un titre à votre collage et regardez-le attentivement plusieurs fois par jour.

Les 7 étapes du succès : la réalisation

L'étape qui suit maintenant est obligatoire et fait partie de l'ensemble, comme le chemin qui mène au but. Elle sera parfois motivante, parfois ardue, et vous la traversez en fredonnant ou en jurant, en vous traînant, en trébuchant ou en grimpant difficilement. Oui, il s'agit maintenant de travailler, de réaliser votre vision et de suivre votre chemin pas à pas sans faire de compromis !

Comme vous le savez déjà, il peut être extrêmement utile de découper votre voyage en petites étapes, étapes que vous pourrez réaliser en trois jours ou encore plus rapidement. Pourquoi ? Parce qu'à chaque étape que vous aurez surmontée, votre motivation grandira. Elle est le feu qui vous réchauffera en route quand vous aurez froid et la centrale électrique qui vous donnera des forces quand vous n'en n'aurez plus.

Vous devez par contre prendre en compte le point suivant : ne soyez pas l'esclave d'un planning trop pointilleux, les programmes trop rigides peuvent vous freiner et vous empêcher de lâcher prise. Ils risquent de saboter votre motivation si vous n'êtes pas exactement dans les temps. Il vaut mieux concevoir vos étapes sans délais trop précis et vous lancer dans votre projet avec une motivation inébranlable et après avoir fait le plein d'énergie. En procédant ainsi, vous atteindrez souvent vos objectifs en trois fois moins de temps !

Les 7 étapes du succès : contrôle et récompense

Saviez-vous que 3 % seulement des gens considèrent qu'ils ont vraiment du succès dans ce qu'ils font. Vous pouvez constater que vous faites partie de cet heureux groupe puisque vous êtes arrivé jusqu'à cette étape. Cela prouve que vous avez les compétences pour y arriver. Bienvenue à votre nouvelle étape ! Maintenant que vous en êtes là, vous allez devoir apprendre à vous servir de deux outils essentiels.

Le premier sera votre instrument de navigation le plus important et le deuxième vous servira de « dynamite psychologique » !

Votre premier outil sera formé de deux éléments :

Clarté et contrôle ! La question que vous devrez vous poser sera la suivante : « À quoi puis-je reconnaître que j'ai avancé d'un pas, que j'ai terminé la prochaine étape ou même que je suis arrivé à mon but ? ». Contrôlez quotidiennement où vous en êtes dans votre parcours.

Votre deuxième outil sera votre « dynamite ».

Récompensez-vous pour chaque étape surmontée dans les trois jours, et décidez dès aujourd'hui de la nature de votre récompense. Votre inconscient progressera ainsi de récompense en récompense, et vous verrez, vous serez surpris !

Les 7 étapes du succès : lâcher prise

« Il faut lâcher prise… » Tel est le conseil stéréotypé que vous avez souvent dû entendre. Malheureusement c'est le genre de conseils qui met souvent les nerfs en boule … « Comme si je ne le savais pas ! Mais comment voulez-vous que je lâche prise quand je suis criblé de dettes et que les huissiers sont à ma porte ? Comment voulez-vous que je lâche prise et que je guérisse quand ma maladie gagne du terrain et que je suis chaque jour un peu plus faible ? Comment voulez-vous que j'abandonne un but alors que je suis complètement motivé et que je mesure chaque jour les progrès que j'ai faits ? ».

Abandonnez l'idée de vouloir être déjà arrivé à votre but ! Passez votre commande auprès de l'univers et oubliez-la aussitôt (cf. pages 47-48). Car vouloir à tout prix obtenir quelque chose peut vous bloquer et vous crisper. Vous aurez tout aussi bien réussi votre projet si vous n'obtenez que 90 % de votre objectif, et comme celui-ci était important, vous serez déjà largement au-dessus de la moyenne avec ce résultat ! C'est comme cela que j'ai vécu les choses avec la rédaction de mon livre. Chaque page rédigée représentait une petite étape de gagnée, un petit succès d'obtenu.

Vous trouverez d'autres idées pour lâcher prise à la page 157.

Contrôlez vos objectifs avec le système SMART

(Tad James, praticien en PNL)

La formule SMART de Tad James est simple et géniale pour contrôler ses objectifs, ses souhaits et ses rêves. Investissez une partie du temps que vous allez consacrer à votre projet pour l'appliquer. Ce sera un de vos investissements les plus rentables et vous pourrez récupérer jusqu'à 100 fois votre mise !

S = spécifique et clair	À quoi reconnaissez-vous que votre but est atteint ?
M= mesurable	À quoi reconnaissez-vous que vous vous êtes proche de votre objectif ou que vous êtes arrivé à votre but ?
A= anticiper	Formulez votre but comme si vous l'aviez déjà atteint.
R = réaliste	Votre bon sens doit pouvoir croire que c'est possible.
T = temps libre	Ne planifiez si possible que des étapes de succès, et non pas des délais à tenir !

Vous ne pourrez améliorer que ce vous avez préalablement mesuré

(Patrick T. Robson, directeur général d'une entreprise de location d'appareils de mesure)

Si vous ne contrôlez pas régulièrement et attentivement où vous en êtes, vous ne vous rendrez pas compte que vous faites fausse route. Et il peut même vous arriver la chose suivante : vous manquerez de motivation et votre feu intérieur faiblira, car vous n'aurez pas remarqué qu'en réalité vous vous rapprochiez de jour en jour de votre but !

Mesurer vos progrès est un facteur essentiel pour la réussite de vos projets. N'importe quel pilote d'avion, même le plus expérimenté, contrôle continuellement son cap. Et dès que celui-ci dérive un tant soit peu à cause du moindre petit vent de côté, le pilote corrige immédiatement sa route. Aucun pilote au monde n'aurait l'idée de continuer stupidement dans la même direction pour atterrir à l'endroit prévu s'il y avait le moindre problème sur la piste d'atterrissage.

Résumé : mesurez vos progrès pour juger où vous en êtes exactement, et le cas échéant, modifiez votre parcours. Vous profiterez doublement de cette mesure grâce à un « effet secondaire » inestimable : vous serez reboosté, remotivé et vous verrez votre énergie décuplée !

Quand tout menace de vous dépasser

(« associer » et « dissocier », outils de la PNL)

L'exercice suivant pourra vous aider de manière efficace : fermez les yeux et amenez le problème qui vous préoccupe sur l'écran de votre cinéma intérieur. Pénétrez maintenant dans ce film inquiétant et revivez-le en pensée dans tous ses détails désagréables. Puis frappez fort dans vos mains et quittez soudainement le film. D'acteur, devenez spectateur ! Imaginez-vous que vous êtes un oiseau ou une mouche vous observant vous-même à une distance de 5 à 10 mètres.
L'essentiel dans cet exercice, c'est de vous voir vous-même dans ce film !
Modifiez maintenant l'éclairage de l'image de telle manière que ce que vous ressentez comme spectateur devienne de plus en plus neutre, de plus en plus agréable. C'est très facile car c'est aussi vous qui êtes le metteur en scène de votre film, de votre vie.
Et maintenant, posez-vous la question suivante :
« Comment la personne que vous voyez là (donc vous) peut-elle résoudre son problème ? »

IV.

Des certitudes vraies et utiles au quotidien

Ce que la pensée positive est réellement

Demandez autour de vous ce que les gens entendent par « pensée positive » et vous constaterez que la plupart confondent pensée positive et optimisme. Une mauvaise interprétation est classiquement la suivante :
« Regardez, tout cela a aussi des aspects positifs, il vous suffit de positiver et tout ira bien. » C'est faux !
Cette conception de la pensée positive consiste à juger vos actions de manière positive. Cela peut vous aider sur le moment, mais revient presque à refouler vos problèmes et risque même de vous rendre malade. Car au lieu de résoudre vos problèmes, vous les minimiserez et vous les cacherez.
Cela vous semblera peut-être être en contradiction avec la philosophie polynésienne Huna, selon laquelle le monde est ce que l'on pense qu'il est. Mais ce n'est pas le cas. La pensée positive est en réalité une pensée orientée vers un objectif ! On pense à ce que l'on veut réellement. Dans le cas d'un objectif, d'un souhait, d'un rêve que l'on désire réaliser, on formule son but de la façon suivante : « Je veux que cela se passe comme ça » et non pas « Je ne veux pas que cela se passe comme ça. ». Et vous, comment pensez-vous ? Pensez votre objectif de manière positive et il se réalisera.

Le monde qui vous entoure influence votre avenir

Oui, et même plus, car le monde qui vous entoure risque même de devenir votre avenir. Si vous êtes ce que vous êtes aujourd'hui, c'est en raison de vos données génétiques, de votre éducation, de vos expériences, de votre vécu, de l'école où vous êtes allé, des formations que vous avez suivies, des livres que vous avez lus, des émissions de radio que vous avez entendues, des films que vous avez vus, du milieu dans lequel vous avez grandi et de la culture qui vous a été transmise.

Tout cela vous a profondément influencé et façonné.

Si votre « aujourd'hui » ne vous convient pas, vous ne pourrez le modifier qu'en donnant de nouvelles impulsions à votre super ordinateur, c'est-à-dire à votre cerveau.

Modifiez le monde qui vous entoure et vos fréquentations, choisissez d'autres médias et suivez d'autres formations. Vous ferez d'autres expériences et vous rencontrerez d'autres personnes. Et si vous voulez faire partie des gagneurs, entourez-vous de gagneurs !

Cela ne veut pas dire bien sûr que vous devrez rompre avec toutes vos habitudes. Choisissez avec intelligence et discernement et continuez sur cette voie avec patience et bonheur.

En regardant derrière moi, je vis que les pierres sur mon chemin étaient devenues les marches de mon succès

Il est certain que tant que vous serez confronté à des problèmes particulièrement graves, ce genre de maximes ne vous dira rien. Pourtant, celle-ci est merveilleuse. Répétez-la plusieurs fois, elle fondra littéralement dans votre bouche. Elle est empreinte d'une sagesse qui risque de provoquer en vous un véritable déclic. Cette sagesse vous sera utile pour prendre le taureau par les cornes et assumer votre défi avec énergie et conviction. Les résultats que nous obtenons, et que certaines personnes appellent des « erreurs » (cf. page 30) nous apprennent toujours quelque chose et nous font progresser. Ce ne sont pas ceux qui font des erreurs qui sont idiots, mais ceux qui les répètent.
Un fin psychologue a dit un jour : « Si vous voulez doubler votre pourcentage de succès, doublez le nombre de vos erreurs ! »
Penchez-vous alors sur votre passé et rappelez-vous la plus grosse erreur que vous ayez jamais faite. Qu'est-ce que cette expérience vous a appris ? Quelles conséquences positives en ont découlé ?

L'enthousiasme est l'une des qualités les mieux payées au monde

On peut pratiquement dire que presque toute notre vie repose sur le principe de la vente. Qu'il s'agisse de l'éducation de vos enfants (que vous devez souvent convaincre du bien-fondé de vos consignes), que vous présentiez une nouvelle idée à votre partenaire, que vous proposiez un deal alléchant à votre patron en vue d'une augmentation de salaire, que vous présentiez un nouveau produit à l'un de vos clients, vous êtes toujours en train de « vendre » quelque chose.

À qui achèteriez-vous plutôt quelque chose, à un vendeur grincheux, démotivé et antipathique ou à une personne motivée, rayonnante et enthousiaste ?

Faites une liste de 30 choses qui vous enthousiasment, rassemblez des photos sur tout ce que vous aimez et ce qui vous procure du plaisir. Votre liste devra comprendre des petits bonheurs quotidiens tout comme des événements importants. Et regardez comment vous vous sentez au bout de 20 minutes. Enthousiasmez-vous dès aujourd'hui pour vous-même, votre vie, vos projets, votre partenaire, et faites tout ce que vous entreprenez avec élan ! Vous verrez que cela vaut la peine et vous recevrez en mille ce que vous avez investi comme énergie !

L'expérience
lui permet de
découvrir sa pureté,
sa clarté.

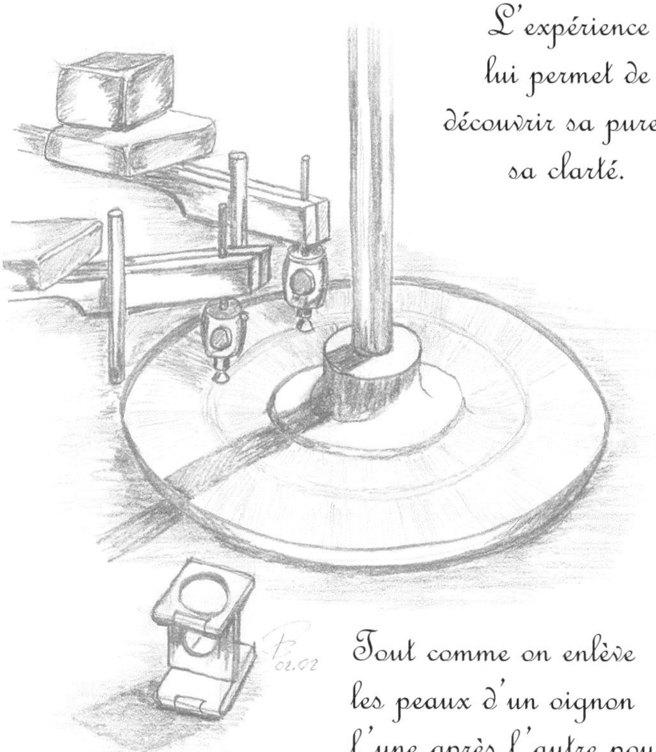

Tout comme on enlève
les peaux d'un oignon
l'une après l'autre pour
parvenir à son cœur, le diamant doit subir 58 fois
la dureté de la meule avant que sa beauté étincelle
dans les précieux bijoux qui le sertissent.

Au cours d'un travail minutieux et attentif le diamant est taillé pour libérer peu à peu sa précieuse brillance intérieure.

En bas comme en haut, à l'extérieur comme à l'intérieur

(Hermès Trismégiste)

Vous agissez comme vous pensez. Le monde et votre vie sont à l'image de ce qui se passe en vous.
Y a-t-il des choses que vous aimeriez changer dans votre vie ? Préféreriez-vous, au lieu d'être aigri, repus, indécis et mou, être plein d'élan et d'énergie, poussé par un grand enthousiasme et une envie irrésistible d'agir ? Alors, commencez dès maintenant à penser et à agir autrement.
Voici une histoire vraie : Il était une fois un homme dont le bureau était aussi chaotique que son cerveau. Il courait d'une idée à l'autre et d'une pensée à l'autre. Il était constamment déchiré entre deux projets et ne parvenait à aucun résultat. Ce n'est que lorsqu'il commença à mettre de l'ordre dans ses affaires que tout changea.

Rangez vos affaires, votre bureau, votre « intérieur », et votre esprit suivra.
Mettez de l'ordre dans votre esprit, et votre « extérieur » suivra.
Que vous commenciez par l'intérieur ou par l'extérieur, peu importe, mais rangez, et vous verrez !

Rien n'est plus fort qu'une idée dont le temps est venu

(citation attribuée à Victor Hugo)

Personne ne peut empêcher une idée de se réaliser quand le bon moment est venu. La question est la suivante : quand le moment sera-t-il venu ? Vous répondrez sans doute par une autre question : pourquoi cela est-il si important ?
Je vais vous répondre. Avez-vous déjà eu l'impression un jour que vos idées étaient en avance sur votre temps ? Et avez-vous même perdu de l'argent parce que vous aviez commencé trop tôt à vouloir persuader votre entourage de la génialité de votre projet ? Avez-vous alors abandonné votre idée pour constater, furieux, des années plus tard, que d'autres personnes avaient fait fortune avec « votre » idée ? Dommage !
Vous avez commis une seule erreur : vous n'avez pas su profiter de votre avance et avez seulement voulu convaincre le monde de la justesse de votre idée. Mais c'est justement cette avance qui vous aurait permis de développer tranquillement votre idée pour la perfectionner et l'optimiser.
Et vous auriez alors pu lancer votre projet bien au point au bon moment, tout en ayant gardé une longueur d'avance, ou même plus, sur les autres !

Qu'est-ce qui est le plus important, vos points forts ou vos points faibles ?

La majorité des gens croient qu'ils réussiront dans leur vie s'ils parviennent à se débarrasser de leurs défauts. C'est une erreur !
Combien d'énergie vous faudra-t-il pour vous débarrasser de tel ou tel défaut ? Et quand vous y serez parvenu, quand vous y aurez travaillé durement et que vous aurez réussi à éliminer le défaut suivant, vous sentirez-vous en pleine forme et prêt à réaliser des performances surhumaines ? J'en doute ...
C'est précisément grâce à leurs points forts que tous les champions sont devenus ce qu'ils sont aujourd'hui. Seuls ceux qui reconnaissent et développent quotidiennement leurs points forts n'ont plus de soucis financiers. Prenez l'exemple du pilote automobile Michael Schumacher. Il aime conduire, il sait conduire et il conduit. Ou du présentateur de télévision allemand Thomas Gottschalk, qui sait parler mais qui ne sait pas écouter. Pensez-vous que ces deux personnes s'inquiètent de savoir comment elles vont finir leurs fins de mois ?
Vous verrez, il y a toujours des gens qui possèdent les qualités que vous pensez ne pas avoir. Trouvez ces personnes, déléguez-leur certaines tâches et consacrez exclusivement votre énergie aux activités qui correspondent à vos points forts !

Savoir se décider est une qualité essentielle pour réussir

Que vous le vouliez ou non, vous devez continuellement prendre des décisions au cours de votre vie. Sinon ce sont les autres qui décideront pour vous. Est-ce vraiment ce que voulez ?
Imaginez-vous que vous êtes devant un croisement et que vous n'êtes pas très sûr de la route à prendre. Mettez « cartes sur table », réfléchissez et décidez-vous ! Peu importe la décision que vous prenez, car tous les chemins mènent au but. Tel ou tel chemin sera peut-être plus difficile. Mais cette déviation vous permettra de faire des expériences précieuses, dont vous profiterez certainement plus tard. Les expériences sont les trésors cachés des gagneurs !
Celui qui n'a pas pu se décider est resté au croisement et il y est encore aujourd'hui ... (*smile)

Le monde appartient à ceux qui savent se décider et non pas à ceux qui hésitent. Prenez tout de suite la résolution suivante : la prochaine fois que vous allez au restaurant, choisissez ce que vous voulez en l'espace de 30 secondes !

Et si les autres étaient nos ambassadeurs ou nos miroirs ?

« Nos ambassadeurs ou nos miroirs ? » Quel baratin ésotérique, direz-vous sans doute ... Mais en êtes-vous certain ? En effet, les derniers résultats de la recherche en physique prouvent clairement qu'aujourd'hui tous les phénomènes sont une forme d'énergie, de vibration. Et ces vibrations ne peuvent parvenir jusqu'à vous que si vous possédez le « diapason » correspondant.
La plupart des adeptes de l'ésotérisme pensent cependant que ceux qui nous entourent sont nos miroirs et par conséquent des ambassadeurs qui nous dévoilent l'essence de nos problèmes et de ce que nous sommes. C'est faux !
Souvent, la plupart des « choses » que vous découvrez en vous grâce aux autres ne font que mettre le doigt sur vos « tiroirs », vos manières de voir. Elles montrent que vous avez mémorisé quelque part une expérience que vous associez, aujourd'hui encore, à des sentiments désagréables et que ce « tiroir » est encore actif. C'est tout !
Cette façon de considérer les choses est sensée et si vous l'acceptez avec tolérance et en faisant preuve d'ouverture d'esprit, vous pourrez vous dire : « Si les autres sont mes miroirs et mes ambassadeurs, désormais je remercierai en pensée tous ceux qui m'agacent. Car ils m'aideront à mieux me connaître et à épanouir ma personnalité. Alors, vraiment, merci !»

Quand on pense plus au passé qu'au futur, c'est qu'on vieillit

(John Knittel)

Connaissez-vous aussi cet aphorisme de Ludwig Börne : « Pour bien vieillir, il ne faut pas avoir de principes. » ? Ou celui de Daniel Sanders : « À quoi reconnaît-on que l'on vieillit ? Au fait que l'on cesse d'espérer et qu'on commence à se souvenir. » ? Ou bien encore cette citation de Lichtenberg : « Rien ne fait plus vite vieillir que d'être obnubilé par l'idée qu'on est en train de vieillir. » ? À votre avis, l'âge est-il une question d'années ou de façon de voir ? La « jeunesse » est-elle une question d'apparence physique ou de feu intérieur ? Connaissez-vous, vous aussi, des gens qui ont à peine trente ans, mais qui « font déjà vieux », qui ne savent plus ce qu'est la passion, qui se sentent vieux et gris comme le quotidien qu'ils vivent ? On dit souvent, et à raison, qu'on a l'âge que l'on se donne. Quel âge vous donnez-vous ? Peu importe votre réponse, il n'est jamais trop tard pour rajeunir !
Décidez aujourd'hui de rester jeune, réfléchissez à la manière dont vous y parviendrez, et votre corps suivra !

Une bonne nouvelle : vous avez toujours raison !

Si vous vous dites : « J'ai le meilleur ou la meilleure partenaire du monde ». Vous avez raison ! Si vous pensez : « C'est difficile de démarrer une affaire en pleine récession ». Vous avez raison ! Si vous pensez : « Même en pleine récession, les idées géniales ont de fortes chances de réussir ». Vous avez raison ! Si vous vous dites : « Avec un travail comme le mien, je ne peux plus gagner beaucoup d'argent. J'ai du mal à joindre les deux bouts ». Vous avez raison ! Si vous pensez : « Super, j'ai une chance inouïe. J'ai un bon job, je fais des expériences passionnantes et en plus, j'ai le temps de me cultiver ». Vous avez raison ! En fait, vous avez toujours raison !
Le monde, votre monde, est ce que vous en pensez. Et quoi que vous en pensiez, vous aurez toujours raison ! Cela vous fait étonne ? Vous avez raison !
Réfléchissez ...

Le succès, c'est ...

(Bessie A. Stanley)

« Celui qui a eu du succès, c'est celui ...
... qui a bien vécu, qui a souvent ri et qui a beaucoup aimé,
... qui a obtenu le respect de personnes intelligentes et l'amour des enfants,
... qui a trouvé un beau projet de vie et qui a accompli sa tâche. Que cela ait été de planter de belles fleurs, écrire un poème parfait ou sauver une âme,
... qui n'a jamais manqué de gratitude, qui a apprécié la beauté de la terre à sa juste valeur, et qui n'a pas oublié de l'exprimer,
... qui n'a jamais vu que ce qu'il y avait de meilleur dans les autres et qui n'a jamais fait que de son mieux,
... dont la vie a été un modèle pour son entourage,
... et dont c'est un vrai bonheur de se souvenir. »

Les catastrophes sont des chances

Le 11 septembre 2001 eu lieu une terrible catastrophe. Mais cette journée fut aussi une chance pour ceux qui aidèrent les personnes en crise, par exemple en se servant des exercices simples et efficaces de la PNL (programmation neurolinguistique). Ce fut aussi une chance pour le monde de sécuriser enfin le trafic aérien, et de vérifier et diversifier les entreprises afin de les rendre moins vulnérables aux différents risques qui peuvent les menacer. Cette catastrophe a également permis à de nombreuses personnes de s'entraider dans des situations difficiles, de devenir plus proches les unes des autres, et de comprendre combien il est important de ne pas être seul, d'aimer et d'être aimé.

Et vous, dans quelle « catastrophe » vous trouvez-vous actuellement ?

Quelles chances se cachent derrière cette catastrophe ? Qu'allez-vous en tirer et quelles décisions allez-vous prendre ? Et avec qui pourriez-vous mettre ces décisions en pratique ?

Faut-il que tout le monde soit de votre côté et d'accord avec vos idées ?

Si c'est ce que vous pensez, excusez-moi, mais cela est un signe indéniable de manque de confiance en vous et d'une estime de soi peu développée !
C'est dur à entendre ? Peut-être, mais quel que soit le projet que vous aurez planifié avec soin, commencé avec énergie et réalisé avec sérieux, vous observerez toujours trois types de réactions :
il y aura ceux qui seront contre votre projet et qui n'en tireront aucun profit, ceux qui ne se sont pas encore prononcés, mais qui finalement ne s'engageront pas pour votre idée, et ceux qui seront pour, qui voudront vraiment y participer et qui vous soutiendront jusqu'au bout.
Vous ne pourrez jamais obtenir l'approbation de votre entourage à cent pour cent et convaincre tout le monde de la valeur de vos idées ! Alors ignorez tout simplement l'opinion de ceux que votre projet n'intéresse pas, et ne vous laissez pas décourager. N'abandonnez surtout pas vos bonnes idées uniquement parce que vous aimeriez qu'elles soient acceptées par tous. Démarrez vos projets avec conviction et soyez pleinement conscient de vos compétences et de la valeur de vos idées ! C'est en ayant la certitude profonde que vous réussirez que vous procurerez aux autres, et surtout à vous-même, une grande joie et une profonde satisfaction intérieure !

Ce qui compte, ce n'est pas ce que vous êtes, mais ce que vous en faites

Ne courez pas sans cesse après ce que vous aimeriez être, uniquement parce que les qualités que vous aimeriez avoir vous impressionnent chez les autres. Analysez ce que vous êtes réellement et ce que vous savez bien faire, quels sont vos qualités et vos points forts, et tirez-en le meilleur profit !

Et réfléchissez à ceci : bien sûr, un paralysé bloqué dans son fauteuil roulant pourrait se plaindre et gémir, pleurer continuellement sur son sort, et tout le monde le comprendrait. Mais cela lui serait-il utile ? Cela le rendrait-il plus heureux ? Cela lui donnerait-il le sentiment qu'on a besoin de lui, qu'il est précieux et utile ? Mais si, au contraire, cet homme décide de se concentrer sur ses atouts, sa patience phénoménale, sa motivation exemplaire, ses capacités de jugement éclairées, il pourra s'en servir et devenir l'un des coachs les plus performants et les plus appréciés pour ses talents. Car il aura compris comment tirer le meilleur profit de ce dont il dispose dans sa vie.

En quoi votre situation ressemble-t-elle à celle du paralysé ? Y a-t-il quelque chose que vous sachiez très bien faire et qui pourrait rendre service à quelqu'un ?

Ne commencez pas par une grande résolution, mais par une petite action

« Le chemin qui mène à l'enfer est pavé de bonnes intentions. » Vous connaissez certainement cette maxime ! C'est ce que me répondit un jour mon coach quand je lui fis part de toutes les bonnes résolutions que j'avais prises pour l'année à venir. Je me sentis plutôt vexé et je lui dis : « Alors, si je comprends bien, personne ne croit en moi ? » Ce n'est que beaucoup plus tard que je compris ce qu'il avait voulu me dire. De fait, nous prenons toujours beaucoup de bonnes résolutions. Surtout à la Saint Sylvestre .... Mais les bonnes résolutions ne font jamais rien avancer. Elles se bornent à nous bercer dans la certitude trompeuse d'avoir déjà modifié quelque chose, simplement parce que nous avons pris conscience de nos erreurs !
Mais vous le savez fort bien vous-même ! Vos résolutions ne deviendront réalité que si vous faites le premier pas, même le plus petit ! Tiens, au fait, n'y a-t-il pas quelque chose que vous aviez projeté de faire il y a un bout de temps, alors que vous n'avez pas bougé le petit doigt depuis pour mettre votre décision en pratique ?
Alors, allez-y !

V.

Vos pensées, une mine d’or

Semer et récolter

(une loi fondamentale de l'univers)

Il ne viendrait jamais à l'idée d'un paysan qui aurait un minimum de bon sens de vouloir récolter de belles fraises juteuses dans un champ où il aurait semé avec amour du maïs au printemps. Il n'y récolterait rien d'autre que du beau maïs doré bien dru !

Toute conséquence a ses racines dans la cause correspondante, chaque réaction est le résultat d'une action particulière. C'est de la physique pure.

Vous ne pouvez pas semer de la haine et récolter de l'amour. Vous ne pouvez pas penser en termes d'échec et obtenir du succès. Et vous ne pouvez pas semer de la méfiance et attendre de la confiance en retour.

Vous recevrez toujours, et avec une précision déconcertante, exactement ce que vous avez donné. Car c'est comme cela que vous avez programmé les antennes de votre émetteur et votre récepteur !

Alors réfléchissez bien.

Que voulez-vous semer aujourd'hui pour votre récolte de demain ? Et quelles causes souhaitez-vous mettre en place aujourd'hui pour obtenir quels effets demain ?

Votre subconscient, votre jardin

Votre subconscient est un jardin fertile et merveilleux. Tout ce que vous y plantez commence aussitôt à pousser et à foisonner. Et ce qui profite le mieux, ce sont naturellement les plantes auxquelles vous avez accordé le plus d'attention.

Voulez-vous que les problèmes qui vous dévorent actuellement envahissent votre jardin ? Avez-vous envie que vos soucis financiers y poussent comme de mauvaises herbes ? Ou bien voulez-vous mettre le turbo à vos projets pour qu'ils puissent y grandir, pour que vos relations se développent, et que dans votre couple, l'amour s'épanouisse et redevienne pétillant et plein d'érotisme comme jamais ?

Alors, à vous de décider. Réfléchissez- bien : que voulez-vous voir grandir, se développer et embellir dans votre jardin, dans votre vie ? Faites une liste concrète des moyens que vous choisirez pour y arriver. En effet, vous borner à « savoir ce que vous voulez » ne fera pas avancer grand chose dans votre vie. Vous devez impérativement passer à l'action en ayant confiance en vous : « plantez » vos projets dans votre jardin et occupez-vous en avec soin. Quand ? Mais tout de suite, bien sûr !

Pensez, et vos pensées se réaliseront

Chaque fois que vous pensez à quelque chose et que vous transmettez des informations à votre cerveau sous quelle forme que ce soit, vous gravez des images sur votre cerveau, votre « ordinateur». La visualisation de vos projets renforce votre motivation tout comme vos expériences et votre vécu, votre éducation et votre environnement, votre culture et le choix de vos « programmateurs », dénommés médias, films, livres, séminaires, etc. Tous ces facteurs laissent une empreinte dans votre être tout entier.

Avant que quelque chose ne puisse se produire dans votre vie, il faut d'abord que vous ayez « pensé » votre projet d'une manière ou d'une autre. Et plus votre pensée sera intense, claire et pleine d'émotion, plus l'effet de votre « programmation » sera puissant !

Voici un exemple : vous avez un objectif qui vous stimule, vous motive ? Bien, alors imaginez comment ce sera quand vous aurez atteint cet objectif. Regardez-vous agir dans ce film unique et passionnant. Et ne faites surtout pas l'erreur que font la plupart des gens en se disant : « Maintenant que j'ai visualisé mon objectif, il va pouvoir se réaliser. » Non ! Cela ne suffit pas. Vous devez immédiatement passer à l'étape qui suit : « Que puis-je faire aujourd'hui pour me rapprocher un peu plus de mon but ? »

En résumé : pensez, puis agissez !

Nos plus grandes sources d'énergie sont nos sentiments

Dès que vous vous serez mis en route avec confiance pour réaliser votre objectif, il vous faudra du vent, beaucoup de vent. Et si, à un certain moment, le vent n'est pas assez fort, vous aurez besoin de votre moteur hors-bord et de suffisamment d'essence. Vos sentiments vous serviront de carburant et de vent ! Ils fonctionneront comme un accélérateur lors de votre prodigieux voyage !
Mais faites bien attention à la chose suivante :
Ces sources d'énergie peuvent fonctionner dans les deux sens ! Qu'il s'agisse de l'amour et de la joie, du plaisir et de l'enthousiasme, ou de la haine et la colère, de l'envie et de la jalousie, certains sentiments vous pousseront vers l'avant et d'autres vous freineront !
Si vous avez besoin de vous « booster » et de renforcer votre énergie, voici une idée qui a fait ses preuves : octroyez-vous 60 minutes de votre temps précieux, rassemblez des photos de souvenirs heureux, et faites une « liste de motivation » dans laquelle vous noterez tout ce qui vous fait plaisir, tout ce qui vous motive et dont vous êtes fier. Observez ce qui va se passer en vous ... Et relisez cette « liste de motivation » chaque fois que le vent qui doit faire avancer votre bateau n'est pas assez puissant. Ces sentiments de bonheur feront redémarrer votre moteur et vous permettront d'arriver plus vite à bon port !

La personne la plus importante de votre vie ?

C'est tout simple. Regardez-vous dans le miroir et vous la verrez. Oui, vous êtes la personne la plus importante de votre vie, une vie si merveilleuse et si intéressante. Et cette constatation n'est ni prétentieuse, ni égoïste !
Vous aimez-vous vraiment lorsque vous vous regardez ou faites-vous partie de ces gens qui se regardent tous les matins dans leur miroir en se disant :
« Je ne connais pas cette personne ! Je ne m'en occupe pas ! » ? « Mais si, mais si, c'est bon, je sais bien que je m'aime ! » Vraiment ? En êtes-vous certain ? Tel que vous êtes, avec toutes vos qualités et tous vos défauts ? Bon, alors le test suivant devrait être facile pour vous :
Mettez-vous devant votre miroir et « envoyez-vous » un baiser. Regardez-vous dans les yeux et dites-vous d'une voix douce et bienveillante : « Je t'aime » (*smile). Si cela vous semble bizarre et que les muscles de votre bouche ne sont pas encore tout à fait détendus, sachez que vous êtes sur la bonne voie, mais que vous avez encore du chemin à faire pour vous aimer profondément. Comment les autres pourraient-ils vous aimer si vous-même n'y parvenez pas ?

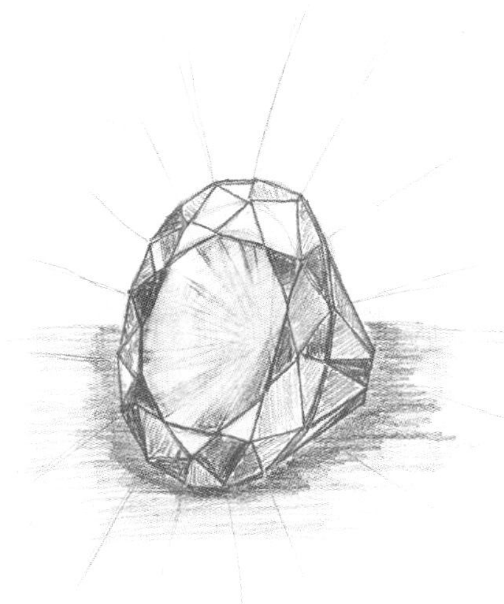

Clivé et passé 56 fois à la meule,
Mis au jour et maltraité,
il est ensuite admiré de tous.
Sa valeur est même protégée par un monopole.
Et pourtant sous les feux nucléaires les plus violents,
il se transforme en fumée, comme nous les hommes.

L'investissement s'est rentabilisé. Tout au long d'un travail de précision laborieux, un trésor précieux et étincelant a été mis au jour ! Parfois, la vie nous donne l'impression de « faire du sur place », mais celui qui croit en lui-même et en sa victoire sera toujours généreusement récompensé.

En vous aussi, il y a un vainqueur

Permettez-moi de vous poser une question : Est-ce que vous participeriez à une course à laquelle prendraient part deux millions de sportifs extrêmement motivés, et en sachant que seul le vainqueur survivrait et que tous les autres mourraient ?
« Je ne suis quand même pas fou ! », diriez-vous !
Et pourtant, vous avez déjà accompli une telle performance ! Je parle ici de la course pour la fécondation de l'ovule. Vous avez été le gagnant et vous êtes arrivé le premier à l'ovule.
Félicitations ! Vous avez donc depuis toujours en vous le syndrome du gagneur ! Malheureusement, chez la plupart des gens, ce syndrome sommeille encore au lieu de s'épanouir en toute liberté ! Laissez votre mentalité de gagneur se développer, grandir et forcir. Commencez dès aujourd'hui votre « album de gagneur» et notez les petites victoires que vous aurez obtenues jour après jour. Et si un jour vous n'êtes pas « d'humeur à gagner », regardez votre album. Vous verrez, vous irez tout de suite beaucoup mieux.

La plus grande chance de votre vie : votre subconscient est aveugle !

Votre subconscient commande automatiquement les fonctions de votre corps et amplifie tout ce que vous lui apportez. Vous pouvez le comparer à un magnétophone qui marche sans interruption et qui enregistre continuellement les informations que vos sens lui livrent.
Mais ce qui est capital pour la réalisation de vos souhaits, de vos rêves et de vos objectifs, c'est que votre subconscient ne peut pas faire la différence entre imagination, réalité et rêves ! Cela vous fait peur ? Mais non, au contraire ! C'est la chance de votre vie ! Mémorisez dans votre « super espace de mémoire » des images claires de vos objectifs, en procédant comme si vous aviez déjà atteint ces objectifs. Votre subconscient commencera immédiatement à créer les conditions, à saisir les chances, à influencer vos décisions pour que les images que vous lui avez fournies deviennent réalité le plus vite possible. On parie ...?

La confiance en soi, un sujet qui concerne (presque) tout le monde

On confond souvent arrogance et confiance en soi. Mais c'est tout le contraire : l'arrogance masque souvent le manque de confiance en soi d'une personne sensible et peu sûre d'elle-même. Le manque de confiance en soi nous concerne tous, et il n'y a pas de quoi avoir honte ! Vous aussi, vous étiez petit autrefois, et votre cerveau a enregistré le message suivant : « Je suis petit, les autres sont grands, je ne sais (encore) rien faire alors que les autres savent tout faire.»
Aujourd'hui, vous êtes grand, mais votre ordinateur intérieur et les programmes qui y sont inscrits sont restés exactement les mêmes. Naturellement, d'autres choses s'y sont ajoutées, mais malheureusement, vos anciens automatismes n'ont pas encore été effacés. Voulez-vous y changer quelque chose ? Alors dites-vous plusieurs fois par jour, à voix haute et avec conviction : « J'ai confiance en moi, je crois en moi et en mes capacités. » Et pour que l'effet de cette autosuggestion soit encore plus rapide et encore plus fort, cherchez des événements dans votre vie qui vous serviront de preuves pour conforter cette affirmation. Faites-en une liste et lisez-la régulièrement. Au bout d'un certain temps, une nouvelle image de vous s'ancrera dans votre cerveau, celle d'une personne forte et pleine de confiance en elle !

Mon subconscient, mon baladeur, mon CD, mon DVD, mon ordinateur

Si vous avez téléchargé sur votre baladeur une musique de Louis Armstrong, entendrez-vous une musique de Michael Jackson ? Non, vous entendrez Louis Armstrong ! Et à quoi vous attendez-vous si vous avez gravé un film érotique sur un DVD ? À y trouver un logiciel d'apprentissage des mathématiques pour enfants ? Non, vous y verrez un film érotique ! Et que pensez-vous voir s'afficher sur votre écran d'ordinateur si vous avez chargé un logiciel de traitement de texte ? Un logiciel de comptabilité ? Non, votre écran affichera un logiciel de traitement de texte ...

Et que se passe t-il quand vous enregistrez dans votre cerveau et votre subconscient des films policiers, des films d'action, de violence et d'épouvante, des images d'horreur, des titres de journaux déprimants, des drames, des mauvaises nouvelles ... ?

Pensez-vous pouvoir devenir une personne équilibrée, aimable, rayonnante, motivée, positive dans ses pensées et ses actions ? Alors à vous de décider ce que vous voulez, mais choisissez avec intelligence !

Si vous pouviez choisir qui être ...

... Que choisiriez-vous ? Seriez-vous un partenaire gentil et attentif ? Une personne calme, équilibrée, sereine ? Seriez-vous quelqu'un qui a confiance en soi et qui s'accepte tel qu'il est ? Seriez-vous travailleur, discipliné et plein d'endurance ? Curieux d'esprit et avide de savoir ? Sportif, en bonne santé et en forme ? Sociable et tolérant ? Ferme, mais beau joueur, doté d'idées claires ? Prévoyant, courageux, motivé et possédant une excellente mémoire ? Bibliophile et cultivé ? Aimant et acceptant les autres tels qu'ils sont ? Concentré et créatif ? Aimable et ordonné ? Sachant exprimer vos sentiments ? Capable de lâcher prise ? Sincère ? C'est bien. Vous pouvez choisir !
Choisissez maintenant comment vous aimeriez être et faites avec soin et amour la liste de vos qualités idéales :
« Je suis ....»
Lisez deux fois par jour et avec entrain cette liste passionnante et imaginez comment ce sera quand vous serez réellement cette personne si intéressante et appréciée !

VI.

La richesse : une réalité tangible et accessible

La richesse matérielle fait-elle aussi partie de vos objectifs ?

(une question essentielle pour de nombreuses personnes)

Connaissez-vous la maxime suivante : « L'argent n'est un problème que lorsque l'on n'en a pas suffisamment ! » ? Personnellement, je ne peux que confirmer cette expérience douloureuse. Mais je dois dire aussi que cette certitude ne m'a pas non plus fait beaucoup avancer.

En tout premier lieu, il faut vous débarrasser des sentiments mitigés que vous avez quand vous pensez à l'argent. Vouloir de l'argent n'a rien à voir avec le comportement de l'Avare. Nous vivons dans une société où l'argent est important. L'argent n'est ni plus ni moins qu'un moyen d'échange neutre. C'est un indicateur de puissance et non pas un signe d'intelligence ou de dur labeur. L'argent, c'est bien et c'est bon, mais si vous voulez aider quelqu'un, n'oubliez pas que vous ne pourrez lui donner que ce que vous avez, que ce soit de l'argent, de l'amour ou de la reconnaissance.

Bodo Schaefer a formulé un jour un conseil très efficace à ce propos : Demandez-vous quelles sont vos « Activités Productrices de Revenus (A.P.R.) » et comment vous pouvez être utile à d'autres personnes. Et occupez-vous tout d'abord de ces A.P.R. !

Le principe le plus simple pour accéder à la richesse

(loi fondamentale)

Ce principe est si simple qu'il peut vous sembler presque ridicule. Mais ne le sous-estimez pas, car il est plus juste que vous ne pouvez le croire au premier abord. Il préconise la chose suivante : « Dépensez chaque jour moins que ce que vous ne gagnez ! »

Ce n'est pas en gagnant beaucoup d'argent que vous deviendrez riche, mais en sachant comment vous servir intelligemment de l'argent que vous avez gagné. Naturellement, si vous avez des dettes et que vous devez les rembourser, il est clair que vous vous sentez coincé. Dans ce cas-là, une seule chose peut vous aider : analysez combien vous gagnez régulièrement et de manière fiable, faites un planning prévisionnel de vos dépenses et de vos amortissements et respectez-le à la lettre. Et surtout, planifiez de telle sorte que vous puissiez mettre 10 % de vos revenus de côté, même pendant une période où vous remboursez des dettes !

Si cela vous semble trop fastidieux, regardez autour de vous et réfléchissez à la manière dont vous pourriez exploiter vos compétences et votre expérience de façon plus rentable, de quels actifs vous disposez et comment vous pourrez générer ainsi des revenus supplémentaires.

Un sou est un sou

(sagesse populaire)

Vous êtes-vous déjà demandé de quoi est composé ce fameux million qui fait l'objet de toutes les convoitises ? Et bien oui, d'un million de pièces d'euros, de dollars, etc. Nous faisons les choses les plus invraisemblables pour posséder enfin ce million. Nous jouons au loto ou à la roulette, nous participons à des concours et faisons toutes de sortes de choses encore ...
« Oui, si j'avais un million, tout serait différent. Je l'accueillerais comme un ami cher et je prendrais soin de lui comme de la prunelle de mes yeux. »
Ceci est absurde, c'est une pure plaisanterie ! Car que faisons-nous des pièces d'un euro, d'un dollar, etc., de tous ces petits frères et petites sœurs dont sont composés les millions ? Nous les traitons comme les derniers des derniers, nous les méprisons et les dépensons sans faire attention en nous disant : « Oh, ce n'est vraiment pas cher, ça coûte seulement 20 euros, 20 dollars !
Mais si vous souhaitez réellement devenir riche et le rester, réfléchissez bien et observez-vous sans indulgence : comment traitez-vous votre petite monnaie ?

Économiser peut être un plaisir si vous savez où vous en êtes

Ce qui est le plus ennuyeux quand on fait des économies, c'est que l'on ne peut plus rien s'offrir. Les petites consolations et les petits plaisirs (inutiles) nous manquent. Naturellement, nous pourrons toujours nous acheter quelque chose plus tard avec l'argent économisé. Du moins, c'est ce que nous espérons ! Mais quand le jour arrive où nous nous pouvons enfin acheter quelque chose, nous cessons d'économiser. Nous faisons donc exactement le contraire. Nous dépensons notre argent !

Il faut que notre cerveau apprenne à avoir du plaisir à économiser de l'argent et pas seulement à en dépenser !

Le principe suivant pourrait vous aider : dites-vous qu'économiser, ce n'est pas renoncer, c'est seulement atteindre un objectif à un autre niveau.

Et voici comment cela fonctionnera :

1. Fixez-vous un objectif et déterminez la somme que vous souhaitez économiser.
2. Doublez le montant, vous êtes capable de plus que vous ne le pensez.
3. Dessinez une échelle de mesure et notez tout en haut la somme que vous souhaitez économiser.
4. Inscrivez chaque jour ce que vous avez atteint.
5. Fixez les récompenses que vous vous accorderez dès que vous aurez atteint 10 %, 20 %, 30%, etc.

Même les diamants les plus précieux ne brillent de leur plus bel éclat que si nos « diamants » intérieurs étincellent dans notre cœur.

Pour devenir riche, découvrez la richesse de votre vie

Voulez-vous vraiment devenir riche ? Vraiment ? Et que seriez-vous prêt à faire pour y parvenir ? Que souhaitez-vous investir concrètement pour atteindre cet objectif ? Êtes-vous toujours partant après avoir lu ces premières lignes ? Bon, alors allons-y ! La condition incontournable pour parvenir à ce but est de développer en vous un sentiment d'attirance magique et « magnétique » pour l'idée de richesse et, comme si vous vouliez entretenir un feu de cheminée, d'y mettre quotidiennement le bon combustible !
L'exercice suivant pourra vous aider et de plus, il est gratuit ... À partir d'aujourd'hui, concentrez-vous chaque jour, et où que vous soyez, sur toute la richesse que vous percevrez autour de vous. Regardez les belles routes, les panneaux de circulation, les feux, les maisons, les voitures, les bijoux, les vêtements, les pièces bien chauffées, les téléviseurs, les chaînes hi-fi, les arbres chargés de fruits, l'abondance de nourriture, les fleurs magnifiques, votre santé, vos compétences. Soyez attentif à tout ce que vous voyez et vous constaterez que le monde est plein de richesses !
Il faut en effet que vous preniez d'abord conscience de la richesse qui vous entoure et de celle que vous avez déjà en vous pour devenir riche et le rester.
Alors soyez « tout feu tout flamme » et prenez soin du feu ardent que représente votre richesse intérieure.

Vous êtes un générateur de plus-value

Si vous réalisez un ouvrage particulièrement complexe pour votre patron et que cela lui permet de gagner plus d'argent qu'il n'en a dépensé pour le matériel et la main-d'œuvre, vous avez produit une plus-value. Si vous vendez à votre client un produit formidable qui le rend heureux et lui permet de se sentir mieux que si son argent était resté sur son compte en banque, vous avez généré une plus-value. Si vous rendez service à quelqu'un en le conseillant de manière optimale et que cela lui plus procure plus de profit que la somme qu'il a investie dans ce but, vous êtes un générateur de plus-value. Si vous peignez un magnifique tableau et que la personne qui vous l'achète a plus de plaisir à le contempler que si elle avait économisé l'argent qu'elle a dépensé pour se l'offrir, vous êtes un générateur de plus-value. Réfléchissez aujourd'hui à la question suivante : Avec quoi pouvez-vous générer de la plus-value ? Qu'est-ce qui rend vos services si précieux pour les autres ?
Réjouissez-vous et dites 100 fois distinctement et à voix haute : « Je suis un générateur de plus-value. »

VII.

Comprendre et appliquer les sagesses des grands penseurs

Vous êtes ce que vous pensez, toute la journée

(Henry David Thoreau)

Avec quels sentiments et quelles manières de voir souhaitez-vous vivre demain ? Comment vous représentez-vous votre vie future ? Si vous voulez vivre dès demain la vie passionnante et comblée que vous souhaitez depuis longtemps et devenir la personne aimée et admirée que vous aimeriez être, imaginez-vous dès aujourd'hui comment ce serait. À vous de vous décider : qui et comment voulez-vous être ? Quelles manières de voir et quels sentiments pourraient vous aider à réaliser cet objectif ? Demandez-vous ensuite à quel moment de votre vie vous avez peut-être déjà appliqué ces façons de voir et ressenti ces sentiments. Quelles personnes connaissez-vous qui sont comme vous aimeriez être ? À quoi ressemblerait votre journée de demain si elle se déroulait exactement comme vous le souhaitez ?
Et pour finir, voici encore un conseil très utile : les choses auxquelles vous pensez avant de vous endormir continuent à vous influencer pendant la nuit. Elles s'approfondissent et s'inscrivent dans votre subconscient. Le moment qui précède votre sommeil est donc un moment précieux pour « penser » vos projets. Profitez-en !

L'histoire de l'orange

Un maître avait envoyé son disciple vendre des oranges sur le marché et vit celui-ci revenir complètement découragé. Il n'avait eu aucun succès et était très en colère contre les clients qui n'avaient pas voulu de ses oranges. Le maître hocha la tête et demanda à son élève : « Si je presse ces oranges, qu'est-ce qu'il en sortira ? » « Du jus d'orange, évidemment », répondit le disciple. « C'est exact, et si j'écrase les oranges avec un marteau ? » « Également du jus d'orange ...», répondit l'élève en bougonnant. « Et si ta mule les écrase, qu'est-ce qu'il en sortira ? » « Toujours du jus d'orange ! », répondit le disciple visiblement énervé. Sur quoi le maître rétorqua très calmement : « L'orange nous donne toujours ce qu'elle a en elle, quelle que soit la manière dont on la traite. Quand on met quelqu'un sous pression et qu'il réagit avec de la haine, de la colère ou de l'envie, c'est qu'il porte cela en lui. »
Et vous, qu'est-ce qui sort de vous quand vous êtes sous pression ? Si vous voulez que ce soit de l'amour, il faut d'abord que vous vous aimiez et que vous vous acceptiez vous-même. La phrase d'autosuggestion suivante pourrait vous aider. Répétez 50 fois par jour pendant six mois, à haute voix et sur un ton enjoué : « Je m'aime et je m'accepte ! »

La foi déplace les montagnes

(1 Corinthiens 13.2)

Friedrich Schiller a dit un jour : « Rien n'est stable quand la foi manque. » Je ne parle pas ici de la foi au sens religieux. La foi peut aussi être tout simplement une conviction intense et profonde, une absence totale de doutes !
Les doutes sont les rongeurs silencieux les plus perfides de nos esprits et ils détruisent les grandes idées ! Alors faites tout ce qui vous est possible pour que votre foi, votre conviction, votre confiance en votre projet deviennent inébranlables.
Et encore un conseil essentiel : avant de parler à quelqu'un d'un grand projet, renforcez votre confiance et ancrez profondément votre programme dans votre esprit !
Au début, chaque souhait, chaque rêve, chaque objectif est toujours une plante encore fragile. Et c'est à ce moment-là que les doutes, les réticences et les conseils « bien intentionnés » de votre entourage peuvent la détruire. Avant de parler de votre projet à d'autres personnes, posez-vous les questions suivantes : en quoi dois-je croire pour atteindre mon but ? Qu'est-ce qui peut également contribuer à la réussite de ce projet ? Quand et où ai-je déjà disposé dans ma vie des compétences, des connaissances et des ressources dont j'ai besoin précisément pour ce projet ?

Être libre, c'est pouvoir réaliser ses propres objectifs

Ne vivons-nous pas à une époque formidable ? Le monde entier est à nos pieds. Vous pouvez voyager où vous voulez, exercer le métier que vous souhaitez et réaliser les projets de vie qui comptent pour vous. De quoi avez-vous besoin pour y parvenir ? De connaissances et de compétences !

Votre savoir est la condition fondamentale pour réaliser vos projets. Mais c'est seulement à travers l'action que vous pourrez transformer vos connaissances en compétences. Cela n'est-il pas merveilleux ? Presque tout le savoir du monde est à votre disposition. Allez dans une bibliothèque et jusqu'à la fin de votre vie, vous ne réussirez pas à terminer de lire tout ce que vous y aurez trouvé. Surfez sur internet et le trésor de vos connaissances sera démultiplié ! Vous êtes entièrement libre de commencer dès aujourd'hui : travaillez avec conviction et dynamisme à mettre votre savoir en pratique et à faire que vos projets se réalisent. Qui pourrait vous empêcher, à part vous ? Alors, allez-y !

Pour pouvoir, il faut vouloir

Pouvoir faire quelque chose est rarement difficile : votre bon sens et vos facteurs de réussite sont plus forts que vous ne le croyez. Pour le reste, vous y arriverez en étant assidu, encore et encore.

Mais qu'est-ce qui est essentiel quand vous n'avez pas vraiment envie d'être assidu ? De quoi avez-vous besoin pour digérer vos douloureux échecs et vous relever vaillamment après avoir essuyé une défaite et vous être confronté à la réalité ? De rien d'autre que de votre volonté ! Vous le savez parfaitement.

La question qui se pose est la suivante : que pouvez-vous faire quand au plus profond de vous, et au moment le plus critique, un mauvais lutin veut vous prouver que de toute façon vos efforts seront vains, que vous n'y arriverez jamais et que vous feriez mieux d'abandonner tout de suite ? Alors visualisez immédiatement tout ce qui sera possible si vous persistez. Et imaginez comment sera votre vie si vous parvenez à votre objectif. Il se pourrait fort bien, en effet, que vous ne soyez qu'à un pas du but que vous espérez tant atteindre. Vous le savez bien, vous ne vous pardonneriez jamais d'avoir abandonné trop tôt.

Chacun de nous est un mot, et ensemble, nous sommes un poème.

Une symphonie est composée de milliers de notes. Prises à part, ces notes ne sont que des sons, mais ensemble elles forment une composition parfaite, merveilleuse et harmonieuse. Vous êtes à vous seul un son mélodieux et essentiel dans l'univers. Sans vous, il manquerait quelque chose au morceau de musique dont vous faites partie.

Mais vous ne pourrez vous épanouir que si vous vous considérez comme une partie de cet ensemble. Comment y parvenir ?

Faites confiance à vos compétences et vos dons, même s'ils ne se sont pas encore entièrement dévoilés. Découvrez-les, commencez à polir ces merveilleux diamants et faites-les étinceler !

Et vous verrez, quand vous aurez découvert et mis au jour le trésor qui sommeille en vous depuis votre naissance, la plupart de vos problèmes se solutionneront d'eux-mêmes.

Quand vous mangez, mangez, quand vous marchez, marchez, quand vous courez, courez !

(sagesse zen)

« Mais c'est exactement ce que je fais ! », direz-vous. En êtes-vous certain ? Vraiment ? Ne serait-ce pas plutôt comme ça : quand vous mangez, vous pensez déjà à partir, et quand vous partez, vous pensez à courir ?
Faites désormais ce que vous faites de manière consciente et concentrée, et ne faites rien d'autre ! « Qu'est-ce que cela m'apportera ? » direz-vous. Votre concentration vous permettra d'obtenir des résultats plus rapides et plus précis, d'améliorer la qualité de votre travail et d'être gagnant aussi au niveau de votre bien-être :
vous ressentirez une merveilleuse paix intérieure, vous serez en meilleure santé et vous gagnerez du temps. Et de nos jours, avoir suffisamment de temps est plus important que jamais. En vous tenant à ce principe de concentration, vous pourrez utiliser votre temps de manière plus judicieuse.
Faites-vous peut-être partie de ces personnes qui croient qu'en faisant plusieurs choses en même temps, on arrive plus vite à son but ? Alors là, vous vous trompez !
Faites une fois le test suivant : ôtez de votre bureau tous les dossiers dont vous n'avez pas besoin à l'instant même et ne laissez sur la table que ce à quoi vous êtes en train de travailler. Vous constaterez que vous progresserez bien plus rapidement et efficacement.

« Je n'ai jamais été pauvre, j'étais seulement sans argent. La pauvreté est une image intérieure. »

(Mike Todd)

Être sans argent est une situation temporaire, et non pas un état permanent. Se débarrasser d'une image intérieure profondément ancrée en nous est plus difficile que de se relever après être tombé et de se remettre en route ! Connaissez-vous le proverbe : « Les riches s'enrichissent, les pauvres s'appauvrissent. » Pourquoi ? Parce que la richesse, comme la pauvreté, ne sont qu'une manière de voir et n'ont rien à voir avec la situation « extérieure » réelle. Les riches doivent chaque jour « défendre » leur richesse tout comme les pauvres leur pauvreté !

Le changement que vous souhaitez ne peut venir que de l'intérieur. Comment y parvenir ? Observez-vous au quotidien et analysez vos comportements : qu'avez-vous fait et dit aujourd'hui dans telle ou telle situation concernant votre argent, et qu'avez-vous décidé ? Analysez soigneusement et sincèrement votre manière de faire. Puis modifiez en pensée les passages du film qui ne vous satisfont pas et tournez-en une nouvelle version que vous ferez dérouler devant vos yeux en pensée. Vous serez très étonné de découvrir que la prochaine fois, dans une situation semblable, vous vous comporterez différemment et serez conscient des écueils de votre ancien « modèle de comportement ».

Aujourd'hui, c'est mon meilleur jour !

(livre d'Arthur Lassen)

Un homme fort intelligent a dit un jour : « Chaque matin, quand je me réveille, j'ai le choix entre être heureux et me réjouir de la journée qui s'annonce, ou être malheureux et me sentir mal en me levant. Comme je ne suis pas bête, j'opte pour la version « bonheur » et je décide d'être heureux ! »

Vous vous direz sans doute en lisant ces lignes : « Mais ce n'est pas si simple que cela ! Cet homme a beau jeu de dire ça ! S'il avait les mêmes soucis que moi, il ne serait pas heureux lui non plus. »

Permettez-moi de vous poser la question suivante : quand pouvez-vous régler le plus facilement vos soucis et vos problèmes ? Lorsque vous vous sentez plein d'énergie et heureux ou bien quand vous ruminez vos problèmes, désespéré et fatigué, en tournant en rond ? Vous solutionnez certainement plus de choses quand vous débordez d'énergie et de joie de vivre !

Il est vrai que cela ne diminue pas vos problèmes, mais dès que vous êtes en forme, vous avez une autre manière de voir les choses et d'appréhender le quotidien. Ce n'est que comme ça que vous réussirez à prendre le gouvernail en main et à suivre le bon cap.

Comment faire concrètement ? Faites une liste de choses, d'idées et d'événements qui vous motivent. Lisez-la tous les jours et revivez en pensée ces moments merveilleux et motivants. Vous verrez, vous serez étonné du résultat !

Prenez le temps !

Prenez le temps de travailler,
c'est le prix du succès.
Prenez le temps de réfléchir,
c'est la source de la force.
Prenez le temps de jouer,
c'est le secret de la jeunesse.
Prenez le temps de lire,
c'est la base de la connaissance.
Prenez le temps d'être aimable,
c'est la porte du bonheur.
Prenez le temps de rêver,
c'est le chemin vers les étoiles.
Prenez le temps d'aimer,
c'est la vraie joie de vivre.
Prenez le temps d'être heureux,
c'est la musique de l'âme.
Prenez le temps !

Vivre, c'est apprendre de la nature

Le soleil nous apprend à rayonner,
les nuages à planer,
le vent à nous mouvoir,
les oiseaux à prendre notre envol,
les arbres à être stable,

les fleurs à resplendir,
les pierres à persister,
les feuilles d'automne à lâcher prise,

la pluie à s'écouler,
la terre à évoluer,
la lune à nous transformer.
Et les étoiles ? Elles nous apprennent
la vie éternelle
qui ne cesse de recommencer.

« Dans notre monde, il n'y a pas d'outsiders. »

(Josef Murphy)

Vous sentez-vous inutile, avez-vous l'impression que « le ciel va vous tomber sur la tête » et pensez-vous : « Tout cela n'a pas de sens ». Alors n'oubliez pas cela : « dans notre monde il n'y a pas d'outsiders » . Chaque personne a sa place sur terre.

Le monde a aussi besoin de vous !

Réfléchissez à qui et de quelle manière vos compétences peuvent être utiles et prenez ensuite des décisions ! Ce sont vos points forts personnels qui sont demandés, et non pas vos points faibles !

Réfléchissez bien et notez le résultat de vos réflexions sur une liste : « Que sais-je particulièrement bien faire ? Où sont mes forces ? Qu'est-ce qui me rend si précieux pour les autres ? »

Chaque personne humaine, aussi particulière qu'elle soit à vos yeux, est une partie du tout. Le tout a besoin d'elle ! Ne serait-ce qu'afin que vous et les autres puissiez vous développer !

VIII.

Des habitudes qui vous feront progresser

Faites-le !

(Nike)

« Attaquez » aujourd'hui votre projet le plus important, le plus désagréable, le plus angoissant. Quelque chose qui vous a coûté beaucoup d'énergie dans le passé, qui vous a souvent empêché de progresser et qui vous a même paralysé, que vous remettez depuis bien trop longtemps à plus tard et qui ne vous procure que des sentiments négatifs.

Planifiez soigneusement ce projet et divisez-le en petites étapes réalistes. Puis mettez-vous au travail avec énergie et gaieté, et récompensez-vous après chaque étape réalisée !

Le soir, faites défiler votre journée en pensée et savourez le sentiment de bien-être qui vous envahit lorsque vous y pensez, votre fierté, votre satisfaction, la sensation motivante d'être un homme ou une femme d'action : anciennement oisif, vous êtes enfin devenu un entrepreneur.

Je vous félicite !

La recette ? Faites-le !

Que puis-je faire aujourd'hui pour progresser dans la direction de mes objectifs ?

(une question que se posent régulièrement les personnes qui réussissent)

Et même s'il ne s'agit que d'un tout petit pas, comparé aux nombreuses activités importantes et absolument nécessaires à assumer quotidiennement, faites-le. Avancez chaque jour avec confiance d'un pas dans le sens de vos objectifs, de vos souhaits et de vos rêves si motivants et si chargés d'énergie.
Planifiez ce pas unique dès le matin ou, mieux encore, la veille, et réalisez-le de manière fiable et disciplinée.
Si vous vous sentez chaque jour plus proche de vos objectifs, cette certitude éveillera en vous une énergie insoupçonnée qui vous projettera de plus en plus près de votre but.
Vous serez étonné de constater que très vite vous sentirez se décupler en vous des forces indomptables et une énergie incroyable. Et vous serez impatient de planifier et de réaliser la prochaine étape de votre succès !

La patience des paysans qui cultivent le bambou a porté ses fruits : un bambou fort et magnifique se dresse dans la prairie, récompense de quatre longues années de labeur et de soins continus prodigués avec amour.

La patience, une vertu souvent oubliée ...

(version abrégée de l'histoire du bambou tirée des Lois du gagnant, de Bodo Schaefer)

Pour élever un bambou, il faut pouvoir penser à long terme et faire confiance à la nature. L'éleveur de bambou enterre tout d'abord soigneusement les pousses dans la terre. Puis il recouvre le sol avec du foin. Chaque matin, il arrose abondamment les pousses invisibles. Il enlève les mauvaises herbes et ameublit la terre. Et cela, tous les jours, pendant quatre longues années au cours desquelles il ne voit pas ses pousses, où il ne sait pas si sa peine sera récompensée et où il n'est pas certain que ses pousses sont encore en vie. Enfin, au bout de la quatrième année, les pousses traversent la surface de la terre. En moins de 90 jours, elles grandissent de 20 mètres !

Et vous qu'attendez-vous ? Qu'avez-vous semé sans savoir exactement quand et comment vos graines allaient germer ?
Continuez, persistez, soignez et choyez vos semences, et réjouissez-vous à l'avance du jour où ces pousses fragiles se montreront pour la première fois avant de grandir avec une énergie indomptable !

Le temps est votre source la plus précieuse

La seule chose que nous puissions véritablement « perdre » dans notre vie, c'est notre temps. Une fois perdu, notre temps est, et reste, perdu inexorablement pour toujours ! Le temps, c'est la vie. Le temps est la mesure de notre existence ! Faites l'expérience suivante : remplacez le mot « temps » par le mot « vie » dans les phrases suivantes et jugez par vous-même : « Je n'ai pas le temps » et « J'ai perdu du temps ». Ces phrases deviennent alors : « Je n'ai pas de vie » et « J'ai perdu de la vie. »
La loi de Pareto, appelée aussi « règle 20/80 », explique parfaitement le phénomène du temps que nous consacrons à nos projets : nous atteignons presque toujours 80 % de nos résultats avec seulement 20 % d'efforts. Nous effectuons 80 % de notre travail productif en 20 % seulement de notre temps. Nous réalisons 80 % de notre chiffre d'affaires avec seulement 20 % des clients. Et nous faisons 80 % de nos expériences en 20% de temps.

Imaginez ce qui serait possible si vous consacriez 50 % de votre temps et de votre énergie à des choses importantes ! La question qui se pose maintenant est de savoir comment mettre ce principe en pratique.
J'ai constaté que quand je répétais la phrase suivante 50 fois par jour, matin et soir, je commençais automatiquement à mieux gérer mon temps. Faites de même et répétez : « Le temps est ma source la plus précieuse, c'est pourquoi je le dépense avec soin, et pour des activités qui conduisent à des résultats réels. »

La parole est d'argent !

(partie d'une sagesse populaire)

...et le silence est d'or, dit un dicton populaire. Si cela s'avère être vrai dans 50 % des cas, pour les autres 50 %, c'est absolument faux. Car cela contredit toutes les théories de la physique quantique ! Un couple assis passivement tous les jours devant sa télévision, qui va de visite en visite, qui donne des réceptions ennuyeuses, consacre des soirées entières, si précieuses, aux activités futiles d'une quelconque association, qui se couvre de rendez-vous pour organiser des actions charitables uniquement dans le but de se sentir utile, n'a pas besoin de s'étonner s'il n'a plus rien à se dire.

Alors, prenez énergiquement votre destin en main, ou plutôt, « en bouche », et parlez ! Parlez de tout et de rien, échangez des expériences intéressantes, parlez de ce que vous voulez, mais parlez ! La puissance de la communication est l'un des présents les plus précieux que nous ayons reçus à la naissance. Seul le manque de communication entre les hommes les éloigne les uns des autres.

N'abandonnez jamais, jamais, jamais !

(le plus court discours de Churchill)

Dès que vous abandonnez votre projet, que vous cessez de chercher et d'espérer une solution, tout s'écroule avec fracas. Bien sûr, de nombreuses personnes vous comprendront et essaieront même, peut-être, de vous convaincre que de toute façon, tout cela n'a pas de sens et qu'il est temps que vous abandonniez. Vous vous êtes battu, vous avez tout donné, vous vous êtes sacrifié jusqu'à l'épuisement. Vous avez prouvé à tous que votre projet était essentiel pour vous. Donc, maintenant, vous pouvez abandonner sans avoir mauvaise conscience, n'est-ce pas ?

Et bien non ! Ne faites surtout pas cela ! Si vous abandonnez maintenant, vous perdrez confiance en vous et vous blesserez votre amour propre. Peu importe ce que cela vous a coûté jusqu'à maintenant, vous avez investi dans votre formation et dans votre développement personnel ! Voulez-vous avoir réalisé tout cela pour rien ?

Attention, ne jamais abandonner ne signifie pas non plus devoir forcer les choses. Dites-vous plutôt : « Si ce chemin ne me conduit pas à mon but, il y en a certainement un autre. Et je le trouverai ! »

Informez-vous pour savoir qui a déjà maîtrisé votre problème, relevé le même défi, et demandez conseil à ces personnes-là.

Découvrez la beauté des autres

Votre journée d'aujourd'hui sera unique et spéciale. Je vous invite à vous mettre en route pour faire une découverte toute particulière ! Cherchez la beauté dans chacune des personnes que vous croisez aujourd'hui ! Cela peut être un simple détail, comme un nez bien fait, une bouche joliment dessinée, une voix agréable, un bijou de valeur ou une tenue particulièrement soignée, une preuve de tolérance envers quelqu'un d'autre ou envers vous-même, peu importe ... Et maintenant observez-vous : comment vous sentez-vous ? Et comment les gens autour de vous réagissent-ils ? Et bien oui, eux aussi vont se comporter différemment, car quand vous cultivez des pensées positives, vous avez un autre rayonnement pour votre entourage. À un moment ou à un autre, vous recevrez en retour tout ce que vous avez donné !
Que pensez-vous de l'idée de vous habituer à ce « principe de découverte de la beauté » pour devenir une personne agréable et toujours bienvenue partout ? Vous serez surpris de constater avec quelle facilité toutes les portes s'ouvriront à vous !

Faites ce dont vous avez peur, et vous cesserez d'avoir peur

(sagesse populaire)

Combien de fois avez-vous remis au lendemain des choses désagréables, des choses que vous détestez faire, qui vous mettent mal à l'aise ou même qui vous paralysent de peur ? Vous avez toujours trouvé mille raisons pour ne pas vous y mettre ce jour-là !
Tout cela est insensé et parfaitement paradoxal.
Si vous ajournez sans cesse ces choses, c'est un peu comme si vous faisiez un tour en montagne, que vous en rameniez des cailloux et que vous repartiez pour une autre randonnée avec votre sac rempli des cailloux de la veille. Votre sac devient plus lourd de jour en jour et vous ralentit. Il vous vole toute l'énergie qui vous serait si précieuse.
Soyez sincère avec vous-même : chaque fois que vous avez décidé de régler enfin quelque chose que vous remettiez depuis longtemps à plus tard, vous avez pu constater presque toujours que finalement, ce n'était vraiment pas « la mer à boire » et que vous vous en sortiez bien plus facilement et bien plus vite que prévu.
Réglez vos projets importants dès aujourd'hui, car demain ils seront urgents, et observez-vous ! Ne ressentez-vous pas une merveilleuse satisfaction après vous en être occupé ?

La règle des 72 heures

Toutes les actions que vous avez décidé de réaliser et pour lesquelles vous n'avez pas fait un premier pas concret en l'espace de 72 heures, sont vouées avec la plus grande probabilité à l'échec ! Et de plus, cela affaiblira votre confiance en vous.
Quand vous êtes enthousiasmé par quelque chose, qu'il s'agisse d'un livre intéressant, d'un séminaire passionnant, d'un conseil judicieux que quelqu'un vous a donné, procédez immédiatement comme suit : programmez consciemment ce que vous souhaitez faire, par exemple une activité précise ou un nouveau comportement, notez-les dans votre agenda, et commencez à travailler à leur réalisation dans les 72 heures qui suivent !
Vous verrez, vous serez vraiment fier d'être entrer dans l'action et de ne pas vous contenter de parler de vos projets. Seules les choses que vous réaliserez auront un effet, celles que vous n'aurez pas encore réalisées et seulement discutées resteront virtuelles. Lors de votre oraison funèbre, personne ne mentionnera tout ce que vous aviez projeté de faire et n'avez jamais réalisé. Vous serez toujours estimé en fonction de vos actes réels.
Alors, que voulez-vous faire absolument dans les prochaines 72 heures ? Allez-y, faites-le !

Avez-vous déjà commencé à écrire votre « journal de succès » ?

(Bodo Schaefer)

Qu'est-ce qu'un journal de succès ?
Et bien, c'est un livre, un classeur ou un cahier, dans lequel vous notez chaque jour tous vos petits, moyens et grands succès. Tout ce dont vous êtes fier et qui déclenche en vous une sensation agréable. Et tous les projets que vous avez attaqués et réalisés avec énergie.
Vous pourrez y noter par exemple des succès comme : « J'ai été très discipliné et j'ai donné les trois coups de téléphone que je remettais sans cesse à plus tard. » Ou bien : « J'ai dit quelque chose de gentil (ou j'ai fait un compliment) à quelqu'un et j'ai aidé une personne âgée à traverser la rue.» Ou encore : « J'ai enfin pensé aujourd'hui à arroser les plantes. »
Vous vous demandez sans doute ce que cela vous apportera ?
Noter systématiquement vos succès est la manière la plus simple et la plus efficace de développer votre confiance en vous et le sentiment de votre propre valeur. 99 % de tous les humains ont souffert de ce manque un jour dans leur vie.
Et ceux qui pensent qu'ils ne sont vraiment pas concernés … sont sans doute ceux qui en auraient le plus besoin.

Les choses vraiment importantes grandissent dans le silence

Pouvez-vous travailler de manière vraiment concentrée si vous vous trouvez au milieu d'une fête bruyante ? Croyez-vous réellement que la naissance des grandes idées soit possible quand il n'y a que du bruit et de l'agitation autour de vous ? Les récents résultats des recherches en neurobiologie prouvent que cela est impossible.

Alors accordez-vous une pause bienfaisante, laissez derrière vous le stress du quotidien et refermez systématiquement tous vos « tiroirs » encore actifs, c'est-à-dire tout ce à quoi vous travaillez actuellement ! De cette façon et pas autrement, vous serez en mesure de recharger votre RAM, votre mémoire vive, avec tout ce qui vous sera utile pour la naissance d'idées merveilleuses et créatives et de solutions nouvelles pour vos projets.

Et maintenant, questionnez votre super ordinateur en lui posant des questions ciblées et donnez-lui suffisamment de temps pour jouer tous les scénarios possibles. Souvent, les grandes idées ne se manifestent au début qu'avec une petite voix encore frêle. Alors comment voulez-vous les percevoir si elles sont recouvertes par un « brouhaha » impossible autour de vous ?

Faites comme si !

Au cours d'une interview, on demanda un jour au célèbre clown Rolf Knie : « Que se passe-t-il quand, peu avant votre entrée sur scène, vous recevez une très mauvaise nouvelle ? Êtes-vous encore capable de faire le pitre et de déchaîner les rires du public ?
Voici quelle fut sa brève réponse : « Je fais comme si ! Je fais comme si j'avais la pêche, comme s'il n'était rien arrivé, je donne tout et je rentre complètement dans mon rôle, je le vis avec tous mes sens, et je commence aussitôt à me sentir comme mon personnage ! »
Faites comme si vous étiez déjà la personne enthousiaste et merveilleuse que vous aimeriez être. Renseignez-vous sur les voyages et les maisons que vous ne pouvez même pas vous offrir ! Visitez les expositions où vous trouverez ce qui peut rendre votre vie passionnante. Fréquentez les personnes qui sont déjà là où vous souhaitez être.
Mais attention : ne vous méprenez pas sur le « Faites comme si ...» et ne réservez pas de voyages aujourd'hui, ne commandez par votre voiture de rêve, n'achetez pas de vêtements chers dans les boutiques de luxe, cela dépasserait vos moyens !
Pour l'instant, ne faites tout cela que dans votre tête, et plus tard, peu à peu, vous le réaliserez « en vrai ».

Vous trouverez seulement si vous savez ce que vous cherchez

Connaissez-vous l'histoire du tire-bouchon envoûté ? Vous êtes dans la cuisine devant un tiroir grand ouvert, rempli d'une quantité de beaux couverts, de louches, de couteaux éplucheurs et autres ustensiles de cuisine, et vous cherchez désespérément un tire-bouchon.
« Je ne le trouve pas » dites-vous en criant à votre ami(e). Et celui-ci (ou celle-ci) de vous répondre : « Mais si, mais si, il y est, cherche bien. » Vous continuez à chercher, plutôt énervé : « Mais enfin, où est ce pu.....de tire-bouchon ? »
« À quoi ressemble t-il ? », dites-vous en rouspétant, impatient et furieux.
« Il a une poignée orange ! » Au moment où vous entendez le mot « orange », le tire-bouchon vous saute immédiatement aux yeux. Il était là depuis le début, directement devant vous. Vous ne l'aviez pas vu parce que vous ne saviez pas exactement ce que vous cherchiez. Et c'est ce qui se passe pour toutes les choses de la vie. Tant que vous ne savez pas exactement ce que vous cherchez, vous ne trouverez pas.
Que cherchez-vous ? Quelles réponses à quelles questions ? Quelle vie souhaitez-vous vivre ? Une vie différente ? Posez des questions précises à votre cerveau et il vous donnera des réponses précises !

Une histoire d'oignon

Vous le sentez exactement. Quelque part, au plus profond de vous, il doit y avoir une sorte d'énorme nœud, quelque chose qui vous empêche d'avancer, qui vous coupe le chemin. Vous travaillez en continu à votre développement personnel, mais il vous semble que vous tournez en rond, que vous progressez difficilement.
L'image suivante pourra peut-être vous aider : chaque personne est un être qui a en lui un nombre infini d'expériences, de souvenirs, de processus d'apprentissage. Il est comme un oignon ! Si vous voulez arriver jusqu'à l'intérieur, il se peut que vous deviez encore enlever un peu de peau. Et ce faisant, vous ne saurez jamais exactement où vous en êtes tant que vous n'aurez pas atteint votre but.
Une seule chose peut vous aider : continuez et allez jusqu'au bout !
Vous le valez bien ! Qui sait, peut-être n'êtes-vous qu'« à une pelure d'oignon » de l'objectif que vous visez depuis si longtemps ! N'abandonnez jamais, jamais, jamais ! Sinon, vous ne saurez jamais comment ce serait si ...
D'ailleurs, les oignons ont cette caractéristique bien à eux : quand on les épluche, ils nous font parfois pleurer...

IX.

Des choses qui facilitent la vie

Vous vous sentez faible ? Changez d'attitude !

(exercice de programmation neurolinguistique)

Il y a des moments où nous nous sentons faibles et épuisés, c'est normal. Ce qui n'est pas normal, par contre, c'est de rester sur ce sentiment. Vous pouvez évidemment attendre impatiemment que quelqu'un vienne vous dire quelque chose de formidable pour vous remonter le moral. Ou bien vous décidez de vous en charger vous-même.
Que voulez-vous ? Si vous voulez régler tout seul votre problème, faites l'exercice suivant :
Asseyez-vous bien droit ou mettez-vous debout, sortez votre buste, baissez les épaules, souriez, montrez vos dents, inspirez profondément, fermez les yeux et en expirant, pensez à un beau moment de votre vie et frappez sept fois sur votre sternum. Répétez le tout dix fois. Ensuite fléchissez les bras comme si vous vouliez montrer vos muscles à quelqu'un, inspirez à nouveau profondément et en expirant, dites à voix haute et distincte : « Ouiii, ouaaais, je suis génial ! » Comment vous sentez-vous maintenant ? N'est-ce pas merveilleux ?

À qui puis-je dire un mot gentil aujourd'hui ?

(faire quelque chose de différent aujourd'hui ...)

Nous les humains, nous sommes des êtres particuliers. Nous avons la critique facile et nous avons toujours un conseil ou une astuce sous la main, bien intentionnés, bien sûr...
Mais quand est-ce que vous avez pour la dernière fois cherché consciemment ce qu'il y avait d'intéressant, d'unique, de positif chez une personne de votre entourage ?
Faites aujourd'hui le test suivant et vous verrez, ses résultats seront fascinants : observez systématiquement chez les personnes de votre entourage, que ce soit des amis, des connaissances ou des collègues de travail, des qualités ou des actions que vous puissiez louer sincèrement. Offrez généreusement des compliments, chuchotez un mot gentil à l'oreille de quelqu'un, écrivez un « Je t'aime » à votre partenaire sur le miroir de la salle de bain avec un beau rouge à lèvres rouge, et attendez de voir ce qui va se passer... Observez avec attention les réactions de ceux qui vous entourent, écoutez la voix de votre cœur, percevez comment vous vous sentez et décidez du prochain jour où vous vous offrirez à nouveau une journée comme celle-ci. Vous l'avez bien méritée !

Faites quelque chose de bien et parlez-en ensuite

(Peter Suter)

Faites attention à l'ordre à respecter, car il est important : agissez d'abord, et parlez-en après ! Et ne faites surtout pas l'erreur que font de nombreuses personnes : parler d'abord à tout le monde de leurs projets, pour finalement ne rien faire du tout. Ceux qui parlent de leurs actions avant de les réaliser ont surtout besoin d'être confirmés dans leurs décisions, ils ne sont pas sûrs d'eux.
Attention, c'est le moment le plus dangereux dans la vie de vos idées : si vous parlez à quelqu'un d'un projet futur et que cette personne doute de vos idées, elle réussira souvent à étouffer votre élan et à renforcer vos doutes !

Optez plutôt pour la chronologie suivante, car elle vous aidera bien plus : ne parlez de vos exploits qu'une fois ceux-ci réalisés ! Cela donnera de l'énergie supplémentaire à votre projet, le fera rayonner et multipliera ses effets, et évitera d'éveiller chez les autres de l'admiration et peut-être même de la jalousie, et de vous présenter comme le nombril du monde ! Votre récit doit avoir lieu au bon moment et sur un ton adéquat
Entre parenthèses : si on vous envie, c'est que vous avez réussi !

Disputes, colère et haine : comment les autres vous volent votre énergie

(prophéties de Célestine – la Troisième)

Quand vous vous disputez avec quelqu'un, quand vous vous énervez, quand vous êtes furieux et en colère, une énergie précieuse se canalise directement vers la personne ou l'objet de votre colère.
La prochaine fois, observez avec attention comment vous vous sentez après un tel déploiement d'énergie. Vous sentez-vous fort, en harmonie avec vous-même et plein d'élan ? J'en doute.
Si vous vous retrouvez un jour dans une situation similaire, testez la méthode suivante, elle est efficace et a fait ses preuves : prenez la personne concernée dans vos bras et dites-lui avec amour : « Si tu as besoin d'énergie, je peux t'en donner de cette manière. » Si ce geste vous semble impossible, alors respirez profondément et dites ou pensez : « Il (elle) m'a mis en colère et je suis fâché contre lui (elle), mais je le (la) trouve quand même sympathique et digne d'être aimé(e). »
Cela vous paraît difficile ? Peut-être, mais vous verrez, vous serez étonné du résultat !

Celui qui a peur a déjà perdu !

La peur peut être l'un des sentiments les plus terribles et les plus épuisants que nous puissions éprouver. Mais la peur peut aussi bien vous protéger, voire même vous stimuler. De quelle nature est votre peur ? Vous aide-t-elle à progresser en vous motivant et en vous stimulant – ou bien vous paralyse-t-elle ? Répondez aux questions suivantes :

Avez-vous d'une manière ou d'une autre peur du résultat que vous obtiendrez ou des doutes à ce propos ?

Avez-vous d'autres craintes ou doutes ?

Comment sera votre vie si ce dont vous avez peur ne se réalise pas ?

Quelle est la pire chose qui puisse arriver si votre peur s'avère être fondée ?

Est-ce vraiment si grave ?

Que pouvez-vous faire concrètement pour vous libérer de vos doutes et de votre peur ?

Avoir peur signifie se concentrer sur ce qu'il ne faut pas : si vous avez peur, vous concentrez votre énergie sur ce que vous ne voulez pas, au lieu de la concentrer sur ce que vous voulez !

Celui qui éprouve de la rancune pour les autres a lui-même de la peine et du travail

Oui, nous, les humains, sommes vraiment des êtres bizarres. Combien de fois nous fâchons-nous contre quelqu'un et éprouvons encore de la rancune des années plus tard ? Et à qui revient tout le travail quand vous éprouvez de la rancune, à l'autre personne ou à vous ? Un animal ne se comporterait jamais de cette manière !
Mais il y a quand même une bonne nouvelle : Il existe une solution géniale, elle s'appelle : « pardonner » ! Mais bien qu'elle soit incroyablement efficace, elle semble être l'une des choses les plus difficiles que nous connaissions. Et pourtant, pardonner est particulièrement bon pour la santé. Car refuser de pardonner peut causer des tensions, des ulcères ou même une maladie cancéreuse !
Est-ce réellement ce que vous voulez ? Je sais que c'est plus facile à dire qu'à faire, et que, quand la situation concrète se présente, cela peut être diablement difficile, mais essayez la chose suivante : imaginez que votre enfant intérieur, plein d'amour, se met en route vers l'enfant intérieur de l'autre personne, lui serre la main et lui demande pardon à propos de telle ou telle chose. Vous vous demandez si cela marchera ? Essayez !

Tout est difficile avant d'être facile

Combien de fois vous a-t-on déjà dit : « Dites donc, c'est drôlement difficile ce que vous faites là ! Je n'y arriverais jamais, moi !» Et vous avez répondu :
« Mais non, c'est facile ! ». Pourquoi ? Si cela vous paraît facile, c'est parce que vous savez le faire, parce que vous le maîtrisez parfaitement.
Et c'est comme ça pour tout. Au début, les choses nous paraissent difficiles parce que nous ne les maîtrisons pas encore. Et plus nous avons de la pratique, plus elles deviennent simples et faciles, et plus nous pouvons relever d'autres défis.
Quoi que vous ayez décidé de faire, vous avez le droit, et même vous devez trouver cela difficile au début. Si ce n'est pas le cas, c'est que votre objectif, votre rêve, votre challenge est trop « petit ». Vous ne pourrez grandir qu'en vous consacrant à des tâches qui vous seront difficiles au départ. Cela vous stimulera !

Tout en fait partie. Le dur et laborieux travail dans la vigne, la vendange épuisante des grappes mûries au soleil, la transformation soignée du précieux jus de raisin, mais aussi le bonheur de déguster cette goutte noble et ronde en bouche après une dure journée de labeur.

Vous méritez de savourer avec bonne conscience un bon équilibre entre travail et plaisir

Ne sommes-nous pas un peu fous ? Nous travaillons et nous usons au travail durant des jours et des nuits sans nous accorder de pauses. Même notre famille, nos amis et notre alimentation souffrent de notre excès de travail. Et si nous permettons un jour le luxe de ne commencer à travailler qu'à midi, nous sommes aussitôt rongés par notre mauvaise conscience. Ce n'est pas possible !

Nous savons fort bien que nous mériterions de faire plus souvent des pauses, mais une voix douce et pénétrante nous chuchote que si nous voulons réussir, il ne faut pas s'arrêter.

Avez-vous déjà observé ce genre de comportement chez quelqu'un ou chez vous-même ? Alors il est temps de faire cet exercice d'autosuggestion : Notez sur une fiche la phrase suivante : « Je mérite de savourer avec bonne conscience l'équilibre entre mon travail et mes loisirs. » Lisez-la 50 fois à voix haute tous les matins et tous les soirs. Faites cela pendant 4 semaines, et vous serez vraiment étonné du résultat.

Avez-vous déjà un album de rêves ?

(Bodo Schaefer)

Non ? Alors il est grand temps de vous en occuper ! Inaugurez dès aujourd'hui votre album personnel de rêves. Rassemblez des images de tout ce que vous souhaitez réussir. Notez ce qui est important pour vous et ce que vous voulez intégrer à votre vie passionnante et merveilleuse. Représentez-vous tout cela le plus concrètement possible en pensée, dans vos rêves éveillés, dans vos songes, représentez-vous cela avec des couleurs vives et intenses. Faites un collage avec ces images et regardez-les plusieurs fois par jour en vous disant :
« Ma vie va être comme ça ! »
Cela se fera-t-il automatiquement ? Non, bien sûr ! Mais dans votre tête, vous inscrirez ainsi un programme et des conditions qui contribueront à la réalisation de vos objectifs, de cette vie bien remplie, épanouie.
Les idiots se contenteront de regarder ces images et se diront : « Dommage, mais ce rêve ne deviendra jamais réalité. » Les personnes intelligentes se demanderont : «Comment vais-je pouvoir y parvenir ? » Les personnes encore plus intelligentes auront déjà un plan, et les plus intelligentes de toutes se diront : « Que puis-je faire dès aujourd'hui pour ...».

« Si un singe s'y regarde, ce n'est pas l'image d'un apôtre qui apparaît. »

(aphorisme de Georg Christoph Lichtenberg)

Quand un perdant se regarde dans le miroir, ce n'est pas l'image d'un gagnant qui apparaît. Quand un laid s'y regarde, ce n'est pas un bel homme qui apparaît. Quand un ouvrier s'y regarde, ce n'est pas un patron qui apparaît. Quand un coléreux s'y regarde, ce n'est pas un aimable qui apparaît. Quand un pauvre s'y regarde, ce n'est pas un millionnaire qui apparaît. Vous voyez, c'est partout la même chose !

Vous découvrirez toujours dans votre miroir l'image que vous attendez, celle que vous avez de vous-même, de ce que vous ressentez en vous !

Modifiez vos pensées et l'image que vous avez de vous, et celui qui vous regardera dans le miroir sera enfin celui que vous désirez être. Continuez jusqu'à ce que vous sentiez au fond de votre cœur ce que vous voulez réellement voir dans le miroir. Le chemin qui vous y mènera sera plus court et plus simple que vous ne le croyez aujourd'hui.

Oui, vous êtes vraiment quelqu'un de bien. Vous êtes génial. Et vous êtes précieux pour votre entourage !

Quelqu'un vous a-t-il énervé ?

Oui, vraiment, les humains sont des êtres particuliers. Nous ne pouvons pas nous empêcher de nous disputer. En réalité, nous optons systématiquement pour des sentiments négatifs ! Et le paradoxe, c'est que nous nous punissons nous-mêmes, puisque nous disons même habituellement « Je me suis énervé !» ...
« Je me suis énervé » ? Non, mais vous plaisantez ! Personne ne peut vous énerver si vous ne le permettez pas. Vous devez donc vous énerver tout seul ... Et pourtant, nous donnons sans cesse aux autres le pouvoir de déterminer nos sentiments ! Soyez sincère : comment vous sentez-vous quand vous vous êtes énervé ? Plein d'énergie, de force et de motivation ou affaibli, passif et démotivé ?
La meilleure chose que vous puissiez faire maintenant est de décider de la stratégie suivante : « Aujourd'hui, je ne m'énerve pas. » Ou bien, si vous préférez le dire de manière positive : « Aujourd'hui, je reste calme et serein. Je suis le maître de mes sentiments, quoi qu'il m'arrive et quelles que soient les personnes que je rencontre ! »
Et si vous vous énervez quand même encore une fois, prenez l'habitude de faire suivre toute remarque négative par une phrase positive. Par exemple : « Mon Dieu, qu'il est c.., mais il a vraiment une belle voiture, c'est indéniable. » Vous vous demandez sans doute en lisant ces lignes à quoi cela peut-il bien servir ? Et bien, avec cette phrase finale, votre cerveau associera votre énervement à quelque chose d'agréable et vous vous sentirez tout de suite mieux ! Testez cette méthode et vous verrez, elle marche à tous les coups !

Lâcher prise ? Oui ! ... Mais comment ?

Lâcher prise, cela veut dire :

• Acceptez l'existant ! Il est comme il est. Vous ne pouvez jamais changer le passé. Mais la manière dont vous y pensez aujourd'hui influencera fortement votre avenir !

• Ne jugez pas ! Juger signifie « ne pas accepter », être accroché à quelque chose, lui donner de l'énergie négative.

• Ne vous concentrez pas sur une voie particulière ! Cela implique une limite. Vous voulez des objectifs clairs ? Oui ! Mais alors votre chemin doit rester flexible.

• Ne doutez pas un instant que vous atteindrez vos buts. Ne vous fixez que des objectifs auxquels vous pouvez croire !

• Donnez tout ce dont vous n'avez plus besoin dans votre vie, par exemple ce dont vous ne vous êtes plus servi depuis un an. Ainsi, vous ferez de la place pour des choses nouvelles, les choses que vous attendez.

• Vous n'avez pas besoin de « devoir avoir raison » pour prouver aux autres qu'ils ont tort.

• Débarrassez-vous de l'idée que vous devez être le vainqueur ! Paradoxalement, plus vous serez détaché de l'idée de gagner, par exemple pendant un jeu, plus vous aurez de chances d'être le gagnant.

Comment apprendre plus vite ? En faisant du « modelage » !

Quand avez-vous fait les progrès les plus spectaculaires et les plus rapides de votre vie ? Mais oui, c'était quand vous étiez bébé, et plus tard enfant, quand vous absorbiez tout comme une éponge sèche et que vous découvriez le monde tout plein de curiosité et de soif d'apprendre.
Vous avez appris à manger, à parler, à marcher, à courir, à téléphoner, à vous comporter de manière adéquate dans toutes sortes de situations.
Et comment avez-vous appris tout cela ? En observant vos parents, en étudiant votre environnement et surtout en imitant tout ce que vous observiez jusqu'à ce que vous réussissiez à faire comme les autres. En programmation neurolinguistique, on dit : vous faisiez du « modelage » !
Et aujourd'hui, cela ne fonctionne pas autrement que quand vous étiez petit : vous souhaitez avoir du succès quand vous jouez au tennis ou au golf, quand vous faites de l'athlétisme ou du foot, ou dans votre profession ? Alors choisissez des modèles, c'est-à-dire des personnes qui maîtrisent déjà ce que vous voulez apprendre, et faites-en un « modelage » : imitez-les, comportez-vous comme elles. Prenez les mêmes habitudes, et vous aurez les même succès. Alors, comment, et qui voulez-vous être ?

Avez-vous immédiatement besoin de plus d'énergie ?

Alors buvez 2 à 3 litres d'eau par jour ! Nous sommes composés de plus de 70 % d'eau. Ce dont notre corps a donc le plus besoin, ou disons le plus « soif », c'est logique, c'est de l'eau.
Boire suffisamment nous permet d'avoir une meilleure digestion, un sang plus fluide, un système nerveux plus performant, la tête plus claire, et nous confère une vitalité et une efficacité optimales. Et les effets secondaires sont positifs : il se peut que vous puissiez ainsi vous débarrasser d'un mal de tête persistant (si vous y êtes particulièrement sujet), celui-ci étant souvent la conséquence d'un manque d'hydratation.
Et maintenant, pensez à votre apport en oxygène. La prochaine fois que vous vous sentirez faible et sans énergie, faites le test suivant : inspirez profondément en comptant jusqu'à 6, retenez votre respiration en continuant à compter jusqu'à 24, puis expirez en comptant jusqu'à 12. Faites cet exercice trois fois. Une légère sensation de vertige peut vous gêner pour un court instant. Mais vous vous sentirez bien mieux ensuite. Vous n'en êtes pas tout à fait convaincu ? Et bien, essayez ! « Les leçons de l'expérience valent mieux que celles de tous les maîtres ...»

Êtes-vous énervé, furieux, en colère ?

Alors testez cette méthode brevetée : imaginez en pensée la personne ou la situation qui vous met en colère et dites-vous : « Que la paix soit avec toi ! » Vous verrez, vous irez tout de suite bien mieux et vous ressentirez une sensation de calme très agréable !
Cela peut paraître bizarre, pour ne pas dire mystérieux, mais ce n'est pas le cas. En programmation neurolinguistique, on appelle cette technique « l'ancrage en chaîne ». Au moment où vous prononcez cette phrase, votre cerveau associe la colère déclenchée par cette image à cette phrase bien particulière, qui éveille en nous des sentiments pacifiques, agréables et calmes. Si son effet est si fort, c'est parce que cette phrase a déjà été prononcée des millions et des milliards de fois - et est prononcée à nouveau chaque semaine !
En termes de physique quantique, on pourrait dire que vous entrez dans un « système de résonance » qui a fait ses preuves et qui est profondément ancré en nous. Cela peut-il vraiment être efficace ? Testez-le sur vous : « Que la paix soit avec vous ! »